Culinária Vegetariana

em 30 minutos

Joanna Farrow

Fotografias de William Reavell

1ª edição publicada na Grã-Bretanha em 1998, sob o título
30-Minute Vegetarian, pela Hamlyn, um selo da Octopus
Publishing Group Ltd, Endeavour House, 189 Shaftesbury
Avenue, London WC2H 8JY

Copyright © 2004, 2008 Octopus Publishing Group Ltd

Este livro contempla as regras do Acordo Ortográfico da Língua
Portuguesa de 1990, que entrou em vigor no Brasil.

Tradução: Stella E. O. Tagnin
Livre-docente em Língua Inglesa e professora da Universidade
de São Paulo
Diagramação e revisão: Depto. editorial da Editora Manole
Capa: Octopus Publishing Group Ltd/William Reavell

Dados Internacionais de Catalogação na Publicação (CIP)
(Câmara Brasileira do Livro, SP, Brasil)

Farrow, Joanna
    Culinária vegetariana em 30 minutos / Joanna
Farrow ; fotografias de William Reavell ;
[traduzido por Stella Esther Ortweiler Tagnin]. --
Barueri, SP : Manole, 2011.

    Título original: 30-minute vegetarian.
    ISBN 978-85-204-3230-3

    1. Culinária vegetariana 2. Receitas
I. Reavell, William. II. Título.

10-13672   CDD-641.5636

Índices para catálogo sistemático:
1. Receitas vegetarianas : Culinária
641.5636

Todos os direitos reservados.
Nenhuma parte deste livro poderá ser reproduzida, por
qualquer processo, sem a permissão expressa dos editores.
É proibida a reprodução por xerox.
A Editora Manole é filiada à ABDR – Associação Brasileira
de Direitos Reprográficos

1ª edição brasileira – 2011

Direitos em língua portuguesa adquiridos pela:
Editora Manole Ltda.
Av. Ceci, 672 – Tamboré
06460-120 – Barueri, SP – Brasil
Fone: (11) 4196-6000 – Fax: (11) 4196-6021
www.manole.com.br
info@manole.com.br

Impresso na China
Printed in China

NOTAS

1 Os órgãos de saúde pública advertem que não se deve
consumir ovos crus. Pessoas mais sensíveis, como gestantes,
mães que estão amamentando, enfermos, idosos, bebês e
crianças pequenas, devem evitar pratos que contenham ovos
crus ou mal cozidos.

2 Este livro inclui pratos feitos com diferentes tipos de noz. É
aconselhável que pessoas que já tenham sofrido reações
alérgicas a esses alimentos e aquelas que sejam mais vulneráveis
a essas alergias, tais como gestantes, mães que estão
amamentando, enfermos, idosos, bebês e crianças pequenas,
evitem esses pratos. Também é prudente ler os rótulos de
ingredientes pré-preparados para verificar a possível existência
de derivados de nozes.

Nota do editor: Nos países de língua inglesa, há uma grande
variedade de creme de leite à venda, com diferentes teores de
gordura e usos culinários. Ao utilizar este ingrediente, fique
atento à variedade mais adequada à receita.

Culinária Vegetariana

em 30 minutos

sumário

introdução	**6**
glossário	**7**
sopas	**10**
massas	**22**
feijões e outras leguminosas	**34**
arroz	**46**
pizzas e pães	**58**
panquecas e petiscos	**68**
couscous, polenta e grãos	**80**
saladas	**90**
outros pratos vegetarianos	**100**
doces e sobremesas	**114**
índice remissivo	**126**

introdução

Culinária vegetariana em 30 minutos agradará a todos os que sabem como pode ser exótica e fascinante a culinária vegetariana contemporânea.

Como muitas crianças da minha geração, cresci com uma dieta à base de carne, mas mesmo naquela época achava um jantar tradicional com carne assada ou um clássico ensopado de inverno difícil de engolir, apesar das evidentes habilidades culinárias de minha mãe. Lembro-me de tentar esconder pedaços de carne de vaca ou cordeiro debaixo dos talheres na ingênua esperança de que meus pais não percebessem. Isso provavelmente já era um indício das coisas que me aconteceriam, mas talvez a realidade seja que a maioria de nós já tenha se afastado da dieta-padrão de "carne e dois legumes".

Sem dúvida, isso é uma consequência inevitável da explosão que teve o interesse por todas as coisas relacionadas à comida. Viajamos mais e aproveitamos a oportunidade para experimentar diferentes cozinhas, novos sabores e ingredientes que eram totalmente estranhos para nossos pais. Hoje também se encontra uma variedade muito maior de alimentos, vindos de todas as partes do mundo. Programas de televisão, revistas sobre gastronomia e livros de culinária alimentam nosso desejo de curtir uma refeição cada vez mais repleta de sabores interessantes.

Tudo isso contribuiu tremendamente para a causa vegetariana. Deixando questões morais de lado, as pessoas descobriram que há muitas cozinhas sem carne no mundo que podem trazer nova inspiração, de modo que a carne (como os assados de minha mãe) foi abandonada. Quantas pessoas comem a mesma quantidade de carne que comiam há dez anos?

Meu objetivo neste livro é mostrar que a cozinha vegetariana se desfez de sua enfadonha – embora merecida – imagem consagrada pela lasanha de legumes ou por alternativas vegetarianas igualmente sem graça que alguns restaurantes costumavam (e ainda costumam, em alguns casos) oferecer. Quer você seja um vegetariano convicto, quer esteja procurando uma nova opção gastronômica, aqui está uma coletânea de receitas para empolgar e deleitar – um *mix* vigoroso de sabores estimulantes e práticas culinárias variadas. E é tudo comida rápida! Em pouco tempo é possível preparar um delicioso *pesto* e temperar com ele o macarrão, ou então adicionar algumas especiarias aromáticas orientais em uma panela com feijão e legumes e depois servi-los sobre a massa. Essa espontaneidade capta a essência de ervas frescas e a pungência de especiarias para criar pratos originais e saborosos em menos de 30 minutos. Sim, talvez você tenha de planejar um pouco mais aquilo que vai cozinhar e isso pode significar usar mais ingredientes, mas com certeza você não vai precisar passar horas e horas na cozinha montando pratos complicados e caros.

Para quem ainda tem de ser convencido do valor da cozinha vegetariana, pense na sua dieta à base de carne como um hábito. Quando você abandona o hábito de comer carne, percebe que não se trata necessariamente de desistir de alguma coisa, mas de se abrir para um mundo de novas formas de cozinhar, vibrantes e fáceis.

glossário

Açafrão É muito caro, mas acrescenta aos pratos um sabor e uma cor tão distintos que nenhum outro condimento consegue imitar. É perfeito para pratos mediterrâneos à base de arroz e feijão, ou para ser acrescentado a polenta e batatas.

Arroz Existem dezenas de variedades de arroz. A maioria cozinha depressa e consiste numa alternativa útil a massas ou batatas, embora algumas variedades de arroz vermelho, integral ou selvagem demorem muito mais. Para pratos picantes, opte pelo arroz *Basmati* branco ou integral, ou pelo perfumado arroz tailandês, que tem uma textura mais macia e solta, e é mais saboroso do que o arroz-agulhinha. Os arrozes italianos para risoto, tanto o arbóreo quanto o *carnaroli*, são muito populares para preparar os clássicos e cremosos risotos. Prepare-os com cogumelos, aspargos ou mesmo só com queijo para obter uma refeição vegetariana rápida e fácil.

Azeite de oliva O azeite de oliva extravirgem provém da primeira extração a frio das azeitonas e tem um sabor rico e uma cor forte. As extrações subsequentes produzem azeites de sabor mais suave. Vale a pena guardar um azeite de oliva extravirgem para temperar saladas ou para pratos aos quais você queira acrescentar um intenso sabor mediterrâneo, e um azeite mais suave e barato para outros pratos ou para frituras. É fácil preparar seus próprios azeites aromatizados: coloque raminhos de alecrim, estragão, tomilho, folhas de louro ou algumas pimentas frescas inteiras no azeite e deixe-o descansar por algumas semanas antes de utilizá-los.

Caldo de legumes Um ingrediente vital em sopas vegetarianas, cozidos, caçarolas e pratos à base de arroz e legumes. O caldo líquido concentrado, vendido em potinhos, tem um sabor melhor na culinária vegetariana do que os cubos ou em pó. Para ocasiões especiais, compre caldo de legumes fresco ou prepare em casa, se tiver tempo. Use os legumes listados a seguir como base, mas acrescente quaisquer restos de verduras, como repolho, brócolis, abobrinha, erva-doce, cebolinha ou aipo-rábano. Tanto a cor como o sabor do caldo de legumes feito em casa são ricos e intensos.

Rendimento 1 litro

2 colheres (sopa) de azeite de oliva
1 cebola grande, picada, mais a casca
2 cenouras picadas
125 g de nabo ou pastinaca
3 talos de aipo, cortados em fatias
125 g de cogumelos, cortados em fatias
2 folhas de louro
vários raminhos de tomilho e de salsinha
2 tomates picados
2 colheres (chá) de pimenta-do-reino em grão

um Aqueça o azeite numa panela grande. Acrescente a cebola, as cenouras, o nabo ou a pastinaca, o aipo e os cogumelos; refogue ligeiramente por 5 minutos. Junte as ervas, os tomates, os grãos de pimenta e a casca da cebola e cubra com 1,8 litro de água. **dois** Deixe levantar fervura. Tampe parcialmente a panela e cozinhe em fogo baixo por 1 hora. Deixe esfriar, coe, leve à geladeira e refrigere por até 2 dias.

Coco Quando você tiver aprendido a arte de partir um coco fresco, rale a polpa (parte branca) para acrescentar um toque refrescante e crocante a saladas e refogados. Para partir o coco, fure primeiramente os três "olhos" com um furador de coco (um prego ou um saca-rolhas às vezes funcionam) e escorra a água numa caneca. Algumas pessoas adoram esse suco opaco e nutritivo, enquanto outras o detestam. Coloque o coco num saco plástico e bata com um martelo para quebrá-lo em pedaços. Separe a polpa da casca.

8 GLOSSÁRIO

Crème fraîche Especialidade francesa, é um tipo de creme de leite fermentado. Procure em casas de produtos importados, ou substitua por uma mistura de 4 partes de creme de leite fresco para cada parte de iogurte natural – mexa e deixe repousar até engrossar.

Leite de coco Não se trata da água de dentro do coco, mas de um leite cremoso e aveludado que é obtido processando-se a polpa do coco. Geralmente vendido em garrafinhas, é um dos líquidos mais usados na culinária do sudeste da Ásia e do Caribe; é excelente para encorpar e acrescentar sabor a sopas e cozidos vegetarianos e pratos orientais.

Macarrão japonês Há muitos tipos de macarrão, desde macarrão de arroz até os feitos de trigo, feijão ou trigo-sarraceno. Alguns são grossos e parecem fitas, enquanto outros são finos como os *vermicelli*. Em geral cozinham rapidamente; o macarrão de arroz fica empapado se cozinhar demais.

Massa É uma mistura de farinha e água, às vezes com o acréscimo de ovos. A massa fresca tem sabor e textura melhores do que a massa seca, e cozinha muito rápido, geralmente em menos tempo do que as instruções na embalagem sugerem; portanto, cuidado ao cozinhá-la. A massa fresca que sobrar pode ser congelada sem problema. A massa seca é uma boa alternativa para se ter em casa, mas as marcas variam bastante em termos de qualidade. Ao escorrer qualquer massa cozida, deixe sempre um restinho da água do cozimento na massa para evitar que o prato fique seco.

Pastinaca Vegetal de raiz semelhante à cenoura; tem casca e polpa brancas, textura cremosa e sabor adocicado. Dificilmente encontrada no Brasil, pode ser substituída por mandioquinha, cenoura ou abóbora, conforme a preferência.

Pesto É uma mistura de manjericão, *pinoli*, queijo parmesão, alho e azeite de oliva que pode ser comprada em vidros ou, de preferência, feita em casa. Coloque um dente de alho picado, um punhado de folhas de manjericão, 3 colheres de sopa de *pinoli* e 50 g de queijo parmesão em um processador de alimentos ou liquidificador, e acrescente, aos poucos, o azeite de oliva até obter uma pasta grossa e oleosa. Basta misturar o *pesto* à massa para obter uma refeição deliciosa, fácil e rápida, ou adicioná-lo a sopas e molhos. O *pesto* vermelho é obtido acrescentando-se tomates à receita básica.

O *pesto* de tomate seco (ver p. 65) é uma deliciosa variação desta iguaria.

Pimentas As pimentas variam de maneira considerável em termos de intensidade da ardência e, infelizmente, muitas vezes não há como saber quão ardidas são antes de utilizá-las em um prato. Como um guia prático, as pimentas pequenas – as tailandesas, tanto as vermelhas quanto as verdes, e a malagueta – são sempre muito ardidas, enquanto as maiores e mais gordinhas, geralmente vendidas a granel nos supermercados, tendem a ser mais suaves. Às vezes, algumas pimentas – em especial as menos comuns, como a Scotch Bonnet ou Habañero – podem ser encontradas em pequenas embalagens, geralmente com indicação de seu grau de ardência.

Polenta É feita de farinha de milho cozida com água para formar uma massa grossa. Sirva mole, mais ou menos como purê de batata, ou espalhe numa travessa, deixe firmar e corte para grelhar ou assar, de preferência com uma cobertura de queijo. Seu sabor suave pode ser enriquecido acrescentando-se alho, azeite de oliva, ervas, açafrão ou pimenta. Compre pacotes de "polenta instantânea", que cozinha muito mais depressa.

Talo de erva-cidreira Encontra-se em lojas de produtos orientais; confere um maravilhoso sabor aromático de limão a sopas e pratos picantes. Descarte as folhas secas e descoloradas, depois corte o resto em fatias finas ou pique bem fininho. Se você não encontrar a erva-cidreira fresca, procure-a seca, em pequenas embalagens, ao lado de outros temperos.

GLOSSÁRIO 9

Tapenade Mistura pastosa de azeitonas, alho, alcaparras e azeite de oliva, que pode ser comprada pronta ou feita em casa, bastando bater no liquidificador 3 colheres de sopa de alcaparras, 75 g de azeitonas pretas sem caroço, 6 colheres de sopa de azeite de oliva e um pouco de alho, ervas e temperos. Se for comprar, certifique-se de que o produto não contém anchovas.

Tofu É feito de feijão de soja e vendido em forma de bloco. O sabor e a aparência não são características que se destacam neste alimento, mas ele não deve ser ignorado. Suas vantagens são seu valor nutricional como substituto da carne e sua grande versatilidade na culinária vegetariana. Use-o combinado com ingredientes de sabor forte como molho de soja, alho, gengibre, erva-cidreira e condimentos. Também é vendido defumado.

O tofu *soft* é uma versão mais leve do tofu comum. Fácil de amassar ou misturar, é geralmente usado em bebidas e como substituto de laticínios em sobremesas.

Tomate seco Os tomates secos, de sabor bastante intenso, geralmente conservados em óleo, são muito úteis em lugares onde os tomates comuns não tem a cor nem o sabor doce daqueles cultivados nos países do Mediterrâneo. Picados, são excelentes para intensificar o sabor de sopas de tomate e cozidos de verduras e legumes. A pasta de tomate seco também é muito útil; se não encontrá-la pronta, prepare-a batendo no liquidificador o tomate seco junto ao óleo em que vem conservado.

Queijos Os queijos têm um papel importante na culinária vegetariana, não apenas para dar sabor, mas como uma fonte útil de proteína, cálcio e vitaminas. Enquanto muitos vegetarianos comem queijos não vegetarianos, outros os evitam devido à presença do coalho usado para solidificar muitos queijos. Nos últimos anos tem havido um enorme aumento de queijos produzidos com coalho vegetariano. A diferença no sabor é praticamente imperceptível e eles se comportam da mesma maneira quando usados para cozinhar.

Brie e Camembert: esses queijos são macios e vêm numa crosta branca de mofo; sua textura varia consideravelmente de seca e quebradiça a mole e de sabor bem forte. Em fatias, podem ser ligeiramente grelhados e misturados ao macarrão ou usados como cobertura de torradas, pizzas ou tortas.

Haloumi: este queijo grego, firme e salgado, tem uma textura densa e elástica; fica delicioso quando grelhado ou frito e misturado a saladas. Combina muito bem com frutas, como uvas e peras. Pode ser substituído pelo queijo coalho.

Mascarpone: um delicioso queijo cremoso, macio e aveludado, feito com leite de vaca. É ótimo em pratos salgados, pois derrete para criar molhos bastante ricos, e em pratos doces como um *trifle* cremoso ou como base do *tiramisu.*

Mussarela: um queijo fresco, úmido, de sabor sutil, feito de leite de búfala ou de vaca. Tem uma convidativa qualidade elástica quando derretido e é frequentemente combinado com queijos de sabor mais intenso, como o parmesão, para aumentar o sabor. É excelente em pizzas ou tortas salgadas, ou ainda em saladas.

Parmesão: um queijo duro e salgado, com sabor forte, que é maturado durante anos até alcançar seu sabor pleno. Compre sempre em pedaço e não já ralado. As sobras podem ser raladas e congeladas.

Ricota: um queijo fresco, macio, de sabor suave que é frequentemente misturado ao macarrão ou usado como recheio de tortas. Também é delicioso como doce, resultando em uma sobremesa rápida e fácil. Tente misturá-la com chocolate, gengibre, frutas secas e licores.

Vinagre balsâmico Tornou-se um ingrediente popular há alguns anos, com um sabor mais rico e doce do que os vinagres de vinho comuns (embora esses ainda tenham uso consagrado em muitos pratos). É feito em Modena, na Itália, e envelhecido em barris, às vezes por até 50 anos – o tempo de maturação intensifica seu sabor e eleva seu preço.

sopas

As sopas são, sem dúvida, uma das formas mais fáceis e reconfortantes de saborear a comida vegetariana. Porções generosas repletas de legumes em pedaços ou leguminosas e servidas com pão de grãos quentinho são realmente pratos principais que satisfazem, enquanto versões cremosas, leves e perfumadas abrem o apetite para uma deliciosa refeição a ser servida em seguida.

12 SOPAS

sopa de lentilha verde com manteiga temperada

tempo de preparo **7 min**
tempo de cozimento **23 min**
tempo total **30 min**
rendimento **4 porções**

3 colheres (sopa) de azeite de oliva
2 cebolas cortadas em rodelas
2 folhas de louro
175 g de lentilha verde, lavada
1 litro de Caldo de legumes (ver p. 7)
½ colher (chá) de cúrcuma
um punhadinho de coentro,
    picado grosseiramente
sal e pimenta-do-reino

MANTEIGA TEMPERADA
50 g de manteiga com sal, amolecida
1 dente de alho grande, amassado
1 colher (chá) de páprica
1 colher (chá) de sementes de cominho
1 pimenta dedo-de-moça, sem sementes,
    cortada em fatias fininhas

um Aqueça o azeite numa panela. Acrescente
as cebolas e frite por 3 minutos. Junte o louro,
a lentilha, o caldo e a cúrcuma. Deixe levantar
fervura, abaixe o fogo, tampe a panela e
cozinhe em fogo baixo por 20 minutos ou até
as lentilhas ficarem macias e começarem a
desmanchar.
dois Enquanto isso, prepare a manteiga
temperada. Bata a manteiga com o alho, a
páprica, as sementes de cominho e a pimenta,
e transfira para um pratinho de servir.
três Junte o coentro à sopa, tempere a gosto
com sal e pimenta-do-reino e leve a manteiga
temperada à mesa para ser misturada à sopa.

sopa de fava e tomate seco

tempo de preparo **5 min**
tempo de cozimento **20 min**
tempo total **25 min**
rendimento **4 porções**

3 colheres (sopa) de azeite de oliva
1 cebola bem picadinha
2 talos de aipo, cortados em fatias finas
2 dentes de alho, cortados em fatias finas
950 g de fava, lavada e escorrida
4 colheres (sopa) de pasta de tomate seco
900 ml de Caldo de legumes (ver p. 7)
1 colher (sopa) de alecrim ou tomilho, picado
sal e pimenta-do-reino
lascas de queijo parmesão, para servir

um Aqueça o azeite numa panela. Acrescente a
cebola e frite por 3 minutos ou até amolecer.
Acrescente o aipo e o alho e frite por mais
2 minutos.
dois Acrescente a fava, a pasta de tomate
seco, o caldo, o alecrim e um pouco de sal e
pimenta-do-reino. Deixe levantar fervura, abaixe
o fogo, tampe a panela e cozinhe por 15
minutos. Sirva com as lascas de parmesão
salpicadas por cima.

Embora só leve alguns minutos para ser preparada, esta sopa pedaçuda se parece bastante com um encorpado minestrone italiano. É um prato principal substancioso quando servido com pão e bastante queijo parmesão.

14 SOPAS

sopa de batata, coentro e alho-poró

tempo de preparo **5 min**
tempo de cozimento **20 min**
tempo total **25 min**
rendimento **4 porções**

500 g de batata nova, escovada
   (prefira as mais secas)
3 alhos-porós pequenos, só a parte branca
40 g de manteiga
1 colher (sopa) de sementes de mostarda-preta
1 cebola picada
1 dente de alho cortado em fatias fininhas
1 litro de Caldo de legumes (ver p. 7)
bastante noz-moscada ralada na hora
um punhadinho de coentro, picado grosseiramente
sal e pimenta-do-reino
pão quente, para acompanhar

um Corte cada batata ao meio ou em pedaços de 1 cm se for muito grande. Corte o alho-poró ao meio no sentido do comprimento e depois em fatias finas.

dois Derreta a manteiga numa panela de fundo grosso. Acrescente as sementes de mostarda, a cebola, o alho e a batata e refogue lentamente por 5 minutos. Junte o caldo e a noz-moscada e deixe levantar fervura. Abaixe o fogo, tampe a panela e cozinhe por aproximadamente 10 minutos ou até as batatas ficarem macias, mas sem desmanchar.

três Junte o alho-poró e o coentro e cozinhe por mais 5 minutos. Tempere a gosto com sal e pimenta-do-reino, e sirva com pão quente.

sopa de feijão-preto com macarrão soba

tempo de preparo **5 min**
tempo de cozimento **10 min**
tempo total **15 min**
rendimento **4 porções**

200 g de macarrão *soba* seco
2 colheres (sopa) de óleo de amendoim
   ou outro óleo vegetal
1 maço de cebolinha, cortado em rodelas
2 dentes de alho, picados grosseiramente
1 pimenta dedo-de-moça, sem sementes,
   cortada em rodelas
um pedaço de gengibre fresco de 4 cm,
   descascado e ralado
125 ml de molho oriental de feijão-preto (procure
   em casas especializadas em produtos orientais)
750 ml de Caldo de legumes (ver p. 7)
200 g de acelga japonesa ou couve, picada
2 colheres (chá) de molho de soja
1 colher (chá) de açúcar
50 g de amendoim cru descascado, sem sal

um Cozinhe o macarrão em água fervente abundante por cerca de 5 minutos ou até ficar *al dente*.

dois Enquanto isso, aqueça o óleo numa panela pequena. Junte a cebolinha e o alho e frite em fogo baixo por 1 minuto.

três Acrescente a pimenta, o gengibre, o molho de feijão-preto e o caldo, e deixe levantar fervura. Junte a acelga japonesa, o molho de soja, o açúcar e o amendoim; cozinhe em fogo baixo, com a panela destampada, por 4 minutos.

quatro Escorra o macarrão e coloque em 4 cumbucas. Despeje a sopa sobre o macarrão e sirva imediatamente.

SOPAS **15**

O macarrão *soba*, tradicional na culinária japonesa, é feito de trigo-sarraceno e farinha integral, o que lhe dá um sabor de nozes, sem ser seco como muitas massas integrais.

sopa de espinafre e cogumelos

tempo de preparo **5 min**
tempo de cozimento **20 min**
tempo total **25 min**
rendimento **4 porções**

50 g de manteiga
1 colher (sopa) de óleo de amendoim
   ou outro óleo vegetal
1 cebola bem picadinha
150 g de cogumelos *shiitake*
175 g de cogumelos-de-paris ou Portobello
2 dentes de alho, amassados
um pedaço de gengibre fresco de 5 cm,
   descascado e ralado
1 litro de Caldo de legumes (ver p. 7)
225 g de folhas novas de espinafre
bastante noz-moscada ralada na hora
sal e pimenta-do-reino
croûtons, para acompanhar

um Derreta a manteiga com o óleo numa panela grande. Acrescente a cebola e refogue por 5 minutos. Adicione os cogumelos e o alho e refogue por mais 3 minutos.

dois Acrescente o gengibre e o caldo. Deixe levantar fervura, abaixe o fogo, tampe a panela e cozinhe por 10 minutos.

três Acrescente o espinafre e a noz-moscada e cozinhe em fogo baixo por 2 minutos. Tempere a gosto com sal e pimenta-do-reino e sirva com os *croûtons* espalhados por cima.

sopa creme de milho e batata

tempo de preparo **5 min**
tempo de cozimento **15 min**
tempo total **20 min**
rendimento **4 porções**

2 colheres (sopa) de azeite de oliva
1 cebola picada
2 talos de aipo, cortados em fatias finas
1 litro de Caldo de legumes (ver p. 7)
400 g de batata, cortada em cubinhos
300 g de milho
2 colheres (sopa) de estragão picado
bastante noz-moscada ralada na hora
4 colheres (sopa) de creme de leite
sal e pimenta-do-reino

um Aqueça o azeite numa panela grande. Acrescente a cebola e o aipo e refogue ligeiramente por 5 minutos. Junte o caldo e deixe levantar fervura.

dois Junte a batata, abaixe o fogo e cozinhe em fogo baixo, sem tampa, por 5 minutos. Acrescente o milho e o estragão, tampe a panela e cozinhe em fogo baixo por mais 5 minutos ou até a batata ficar macia.

três Transfira a sopa para um processador de alimentos ou liquidificador e bata até obter uma consistência pastosa, mas não lisa, ou deixe a sopa na panela e use um mixer elétrico.

quatro Volte a sopa para a panela, se necessário, e acrescente a noz-moscada e o creme de leite. Tempere a gosto com sal e pimenta-do-reino e aqueça em fogo baixo por 1 minuto antes de servir.

SOPAS 17

sopa de gengibre e pastinaca

tempo de preparo **5 min**
tempo de cozimento **20 min**
tempo total **25 min**
rendimento **4 porções**

25 g de manteiga
50 g de gengibre fresco, descascado e cortado em fatias fininhas
1 maço de cebolinha
500 g de pastinaca, cortada em fatias
1 litro de Caldo de legumes (ver p. 7)
sal e pimenta-do-reino
crème fraîche, para acompanhar

um Derreta a manteiga numa panela, acrescente o gengibre e refogue ligeiramente por 1 minuto. Reserve uma cebolinha. Pique o restante grosseiramente e adicione à panela com a pastinaca. Refogue por 2 minutos.
dois Acrescente o caldo e deixe levantar fervura. Abaixe o fogo, tampe a panela e cozinhe por 15 minutos ou até a pastinaca ficar macia. Enquanto isso, corte a cebolinha reservada no sentido do comprimento em tirinhas finas.
três Transfira a sopa para um processador de alimentos ou liquidificador e bata até obter uma consistência lisa, ou deixe a sopa na panela e use um mixer elétrico.
quatro Volte a sopa para a panela, se necessário, tempere a gosto com sal e pimenta-do-reino e aqueça em fogo baixo por 1 minuto. Sirva em pratos individuais com uma colher bem cheia de *crème fraîche* salpicado com as tirinhas de cebolinha.

Esta receita é baseada em uma sopa espanhola na qual os ovos são escalfados (tipo *pochê*) ou assados no forno em um caldo temperado com bastante alho. Nesta versão, o macarrão é acrescentado para dar mais substância ao prato.

sopa de alho e páprica com ovo flutuante

tempo de preparo **5 min**
tempo de cozimento **15 min**
tempo total **20 min**
rendimento **4 porções**

4 colheres (sopa) de azeite de oliva
12 fatias grossas de uma baguete
5 dentes de alho, cortados em fatias
1 cebola bem picadinha
1 colher (sopa) de páprica
1 colher (chá) de cominho em pó
uma boa pitada de pistilos de açafrão
1,2 litro de Caldo de legumes (ver p. 7)
25 g de macarrão para sopa
4 ovos
sal e pimenta-do-reino

um Aqueça o azeite numa panela de fundo grosso. Junte o pão e frite em fogo baixo, virando uma vez, até ficar dourado. Escorra em papel-toalha.
dois Junte o alho, a cebola, a páprica e o cominho à panela e refogue por 3 minutos. Adicione o açafrão e o caldo e deixe levantar fervura. Junte o macarrão. Abaixe o fogo, tampe a panela e cozinhe por aproximadamente 8 minutos até o macarrão ficar al dente. Tempere a gosto com sal e pimenta-do-reino.
três Quebre os ovos num pires e deslize-os delicadamente para dentro da panela, um por vez. Cozinhe por aproximadamente 2 minutos até ficarem cozidos.
quatro Faça uma pilha com 3 fatias de pão frito em cada uma das 4 cumbucas. Despeje a sopa sobre o pão, colocando um ovo em cada prato. Sirva imediatamente.

sopa creme de echalota e alecrim

tempo de preparo **10 min**
tempo de cozimento **20 min**
tempo total **30 min**
rendimento **4 porções**

4 colheres (sopa) de azeite de oliva
375 g de echalota, cortada em rodelas (se não encontrar, use a parte branca da cebolinha)
1 cebola roxa, picada grosseiramente
2 dentes de alho, picados grosseiramente
4 ramos grandes de alecrim
1 colher (chá) de açúcar
750 ml de Caldo de legumes (ver p. 7)
5 colheres (sopa) de creme de leite
sal e pimenta-do-reino
croûtons de pão francês, para acompanhar

um Aqueça o azeite numa panela. Junte a echalota, a cebola, o alho, o alecrim e o açúcar e refogue ligeiramente por cerca de 5 minutos até murcharem e começarem a dourar.
dois Junte o caldo e deixe levantar fervura. Abaixe o fogo, tampe a panela e cozinhe por aproximadamente 15 minutos até as echalotas e a cebola ficarem bem macias.
três Transfira a sopa para um processador de alimentos ou liquidificador e bata até obter uma consistência lisa, ou deixe a sopa na panela e use um mixer elétrico.
quatro Volte a sopa à panela, se necessário, e junte o creme de leite e tempere a gosto com sal e pimenta-do-reino. Aqueça em fogo baixo por 1 minuto, despeje em pratos individuais e sirva com croûtons.

sopa de abóbora e coco

tempo de preparo **5 min**
tempo de cozimento **12 min**
tempo total **17 min**
rendimento **4 porções**

3 colheres (sopa) de óleo de amendoim
4 raminhos de tomilho
2 dentes de alho, picados grosseiramente
1 pimenta dedo-de-moça, sem sementes e picada grosseiramente
1 colher (chá) de sementes de cominho
425 g de abóbora cozida e espremida
1 colher (sopa) de açúcar mascavo escuro
450 ml de Caldo de legumes (ver p. 7)
400 ml de leite de coco
1-2 colheres (sopa) de suco de limão Taiti ou limão-siciliano
sal e pimenta-do-reino
coentro picado grosseiramente, para decorar

um Aqueça o óleo numa panela. Descarte as folhinhas de tomilho dos ramos e acrescente ao óleo com o alho, a pimenta e as sementes de cominho. Refogue ligeiramente por 2 minutos.
dois Junte a abóbora, o açúcar, o caldo e o leite de coco e deixe levantar fervura. Abaixe o fogo, tampe a panela e cozinhe por 10 minutos.
três Junte o suco do limão, tempere a gosto com sal e pimenta-do-reino, e salpique o coentro por cima para servir.

sopa de pimenta dedo-de-moça e pimentão vermelho

tempo de preparo **10 min**
tempo de cozimento **15 min**
tempo total **25 min**
rendimento **4–6 porções**

2 colheres (sopa) de azeite de oliva
2 cebolas picadas
2 dentes de alho, picados
1 pimenta dedo-de-moça, sem sementes, cortada em rodelas
200 g de pimentão vermelho assado, em conserva, escorrido (se não encontrar, asse pimentões frescos e remova a pele e as sementes)
500 g de tomate, sem pele
2 colheres (chá) de açúcar
1 litro de Caldo de legumes (ver p. 7)
2 colheres (sopa) de coentro picado
4 colheres (sopa) de *crème fraîche*
sal e pimenta-do-reino

um Aqueça o azeite numa panela grande. Junte a cebola, o alho e a pimenta e refogue ligeiramente por 3 minutos.
dois Junte o pimentão, o tomate, o açúcar, o caldo e deixe levantar fervura. Abaixe o fogo, tampe a panela e cozinhe por aproximadamente 10 minutos até o tomate ficar macio.
três Transfira a sopa para um processador de alimentos ou liquidificador e bata até obter uma consistência lisa, ou deixe a sopa na panela e use um mixer elétrico.
quatro Volte a sopa à panela, se necessário, e junte o coentro e o *crème fraîche*. Tempere a gosto com sal e pimenta-do-reino e aqueça em fogo baixo por 1 minuto antes de servir.

sopa de abobrinha e parmesão

tempo de preparo **5 min**
tempo de cozimento **15 min**
tempo total **20 min**
rendimento **4 porções**

25 g de manteiga
1 colher (sopa) de azeite de oliva
1 cebola grande, picada
475 g de abobrinha, cortada em rodelas
75 g de *pinoli*
1 colher (sopa) de sálvia picada
1 litro de Caldo de legumes (ver p. 7)
100 g de queijo parmesão, esfarelado
4 colheres (sopa) de creme de leite
sal e pimenta-do-reino

um Derreta a manteiga com o azeite numa panela grande. Junte a cebola, a abobrinha e o *pinoli* e refogue ligeiramente por cerca de 5 minutos até ficarem macios.
dois Adicione a sálvia e o caldo e deixe levantar fervura. Abaixe o fogo, tampe a panela e cozinhe por 5 minutos. Acrescente o queijo parmesão e cozinhe por mais 2 minutos.
três Transfira a sopa para um processador de alimentos ou liquidificador e bata até os ingredientes estarem parcialmente misturados – mas não com consistência lisa – ou deixe a sopa na panela e use um mixer elétrico.
quatro Volte a sopa à panela, se necessário, e junte o creme de leite e um pouco de sal e pimenta-do-reino. Aqueça em fogo baixo por 1 minuto antes de servir.

massas

A grande variedade de massas que se encontra em supermercados e empórios especializados é uma vantagem para todos os amantes de comida, em especial para os vegetarianos. Prefira a abordagem mais mediterrânea, com legumes coloridos e queijos derretidos, ou os sabores exóticos do Oriente, com pratos à base de massa com ovos ou macarrão de arroz.

penne com tomate-cereja e ricota

tempo de preparo **5 min**
tempo de cozimento **10 min**
tempo total **15 min**
rendimento **4 porções**

300 g de *penne* seco
3 colheres (sopa) de azeite de oliva
1 cebola picada
4 dentes de alho, amassados
1 colher (sopa) de orégano
325 g de tomate-cereja, cortados ao meio
1 colher (chá) de açúcar
3 colheres (sopa) de pasta de tomate seco
250 g de ricota
sal e pimenta-do-reino

um Cozinhe o macarrão em água fervente abundante com um pouco de sal por cerca de 10 minutos ou até ficar *al dente*.

dois Enquanto isso, aqueça o azeite numa frigideira. Acrescente a cebola e refogue ligeiramente por 3 minutos. Junte o alho, o orégano, o tomate e o açúcar e refogue rapidamente por 1 minuto, mexendo sempre. Acrescente a pasta de tomate seco e 6 colheres de sopa de água; tempere a gosto com sal e pimenta-do-reino e deixe levantar fervura. Com uma colher de sobremesa, coloque a ricota na panela e aqueça em fogo baixo por 1 minuto.

três Escorra o macarrão e disponha-o empilhado em pratos individuais. Coloque a mistura de tomate e queijo por cima, tomando cuidado para a ricota não se despedaçar muito. Sirva imediatamente.

tagliatelle com berinjela e pinoli

tempo de preparo **5 min**
tempo de cozimento **17 min**
tempo total **22 min**
rendimento **4 porções**

8 colheres (sopa) de azeite de oliva
2 berinjelas médias, cortadas em cubinhos
2 cebolas roxas, cortadas em rodelas
75 g de *pinoli*
3 dentes de alho, amassados
5 colheres (sopa) de pasta de tomate seco
150 ml de Caldo de legumes (ver p. 7)
300 g de *tagliatelle* fresco, com sabor de pimenta, tomate ou cogumelo
100 g de azeitona preta sem caroço
sal e pimenta-do-reino
3 colheres (sopa) de salsinha
   picada grosseiramente, para decorar

um Aqueça o azeite numa frigideira grande ou panela e refogue a berinjela e a cebola por 8 a 10 minutos ou até ficarem coradas e macias. Acrescente o *pinoli* e o alho e frite por 2 minutos. Junte a pasta de tomate seco e o caldo e cozinhe por mais 2 minutos.

dois Enquanto isso, cozinhe o macarrão em água fervente abundante com um pouco de sal por cerca de 2 minutos ou até ficar *al dente*.

três Escorra o macarrão e volte à panela. Junte o molho e a azeitona, tempere a gosto com sal e pimenta-do-reino e mexa em fogo médio por 1 minuto até ficar bem misturado. Sirva com a salsinha salpicada por cima.

macarrão com molho de agrião, gorgonzola e nozes

tempo de preparo **5 min**
tempo de cozimento **5 min**
tempo total **10 min**
rendimento **4 porções**

300 g de massa fresca ou seca
75 g de nozes em pedaços, torradas
175 g de gorgonzola curado, cortado em
   cubinhos
raspas de 1 limão-siciliano
200 g de *crème fraîche*
125 g de galhinhos de agrião,
   descarte os mais duros
sal e pimenta-do-reino

um Cozinhe o macarrão em água fervente abundante com um pouco de sal por cerca de 2-3 minutos até ficar *al dente*. Escorra ligeiramente e volte à panela com o restinho de água ainda aderindo à massa. Se usar massa seca, opte pela mesma quantidade e cozinhe-a enquanto prepara os outros ingredientes.

dois Junte as nozes em pedaços, o queijo, as raspas de limão, o *crème fraîche* e o agrião e tempere a gosto com sal e pimenta-do-reino.

três Misture os ingredientes em fogo baixo por 2 minutos ou até o *crème fraîche* ter derretido para formar um molho e o agrião tiver murchado. Sirva imediatamente, com uma salada bem temperada de tomate e cebola roxa, se quiser.

tagliatelle com tomate e tapenade

tempo de preparo **10 min**
tempo de cozimento **5 min**
tempo total **15 min**
rendimento **4 porções**

125 g de azeitona preta sem caroço
1 pimenta dedo-de-moça, sem sementes,
   cortada em rodelas
4 colheres (sopa) de alcaparras
2 colheres (sopa) de pasta de tomate seco
3 colheres (sopa) de manjericão picado
3 colheres (sopa) de salsinha ou cerefólio, picado
4 tomates picados
125 ml de azeite de oliva
375 g de *tagliatelle* fresco
   ou outro tipo de massa fresca
sal e pimenta-do-reino
queijo parmesão ralado, para acompanhar

um Coloque a azeitona, a pimenta e as alcaparras num processador de alimentos ou liquidificador e bata até tudo ficar bem picado. Ou então, pique tudo à mão. Junte a pasta de tomate seco, as ervas, o tomate e o azeite e tempere a gosto com sal e pimenta-do-reino.

dois Cozinhe o macarrão em água fervente abundante com um pouco de sal por cerca de 2-3 minutos ou até ficar *al dente*. Escorra e volte à panela.

três Acrescente a mistura de azeitonas e mexa levemente em fogo baixo por 2 minutos. Transfira para os pratos e sirva com parmesão salpicado por cima.

MASSAS **27**

lasanha de cogumelos, abobrinha e mascarpone

tempo de preparo **10 min**
tempo de cozimento **20 min**
tempo total **30 min**
rendimento **4 porções**

25 g de cogumelos Porcini secos
3 colheres (sopa) de azeite de oliva
125 g de massa fresca para lasanha,
  cortada ao meio
250 g de queijo mascarpone
2 dentes de alho, amassados
3 colheres (sopa) de endro (*dill*) ou estragão,
  picado
25 g de manteiga
40 g de farinha de rosca
500 g de cogumelos-de-paris, cortados em fatias
2 abobrinhas, cortadas em rodelas
sal e pimenta-do-reino

um Coloque os cogumelos secos numa tigela, cubra com água fervente e deixe hidratar enquanto prepara os outros ingredientes.
dois Ferva água e 1 colher de sopa de azeite numa panela grande. Acrescente as folhas de lasanha, uma por vez, e cozinhe por cerca de 4 minutos até ficarem *al dente*. Escorra.
três Enquanto isso, numa tigela pequena, misture o mascarpone, o alho, o endro e tempere a gosto com sal e pimenta-do-reino. Derreta metade da manteiga numa frigideira, junte a farinha de rosca e frite em fogo baixo por 2 minutos. Escorra em papel-toalha.
quatro Derreta a manteiga e o azeite restantes numa panela. Acrescente os cogumelos frescos e a abobrinha e refogue por cerca de 6 minutos até dourarem. Escorra os cogumelos secos, junte à panela e refogue por mais 1 minuto.
cinco Num refratário raso, coloque 4 folhas de lasanha, deixando um pouco de espaço entre elas. Coloque um terço dos legumes e, em seguida, uma colherada da mistura de mascarpone. Coloque mais uma folha de lasanha em cada montinho e adicione mais legumes e mascarpone. Por fim, faça uma última camada do mesmo modo.
seis Polvilhe com a farinha de rosca frita e asse em forno preaquecido a 200°C por 6-8 minutos ou até aquecer bem.

28 MASSAS

macarrão japonês salteado com legumes

tempo de preparo **10 min**
tempo de cozimento **12 min**
tempo total **22 min**
rendimento **4 porções**

250 g de macarrão para *yakisoba*
4 colheres (sopa) de óleo de amendoim
1 maço de cebolinha, cortado em rodelas
2 cenouras, cortadas em rodelas fininhas
2 dentes de alho, amassados
$^1/_4$ de colher (chá) de pimenta calabresa
125 g de ervilha-torta
125 g de cogumelos *shiitake*, cortados ao meio
3 folhas de acelga, picadas
2 colheres (sopa) de molho de soja light
3 colheres (sopa) de molho *hoisin* (procure em
   casas especializadas em produtos orientais)

um Cozinhe o macarrão em água fervente
abundante com um pouco de sal por cerca de
4 minutos ou até ficar *al dente*. Escorra.
dois Aqueça o óleo numa frigideira grande ou
wok. Junte a cebolinha e a cenoura e salteie
por 3 minutos. Acrescente o alho, a pimenta
calabresa, a ervilha-torta e os cogumelos e
salteie por 2 minutos. Junte a acelga e salteie
por mais 1 minuto.
três Adicione o macarrão escorrido à panela
com o molho de soja e o molho *hoisin*. Salteie
em fogo baixo por 2 minutos ou até ficar bem
quente. Sirva imediatamente.

linguini com queijo de cabra e manteiga com alho e ervas

tempo de preparo **5 min**
tempo de cozimento **7 min**
tempo total **12 min**
rendimento **4 porções**

300 g de queijo de cabra firme
1 limão-siciliano
75 g de manteiga
2 colheres (sopa) de azeite de oliva
3 echalotas bem picadas (se não encontrar, use a
   parte branca da cebolinha)
2 dentes de alho, amassados
25 g de ervas mistas picadas, como estragão,
   cerefólio, salsinha, endro (*dill*)
3 colheres (sopa) de alcaparras
300 g de *linguini* fresco ou 250 g de *linguini* seco
sal e pimenta-do-reino

um Corte o queijo de cabra em fatias grossas.
Arrume-as numa grelha forrada com papel-
alumínio levemente untado. Asse sob um
grelhador quente preaquecido por cerca de 2
minutos até dourar. Mantenha quente.
dois Com um ralador apropriado, corte tiras finas
da casca do limão e, em seguida, esprema-o.
três Derreta a manteiga numa frigideira, ou
panela, com o azeite. Junte a echalota e o alho, e
salteie em fogo baixo por 3 minutos. Acrescente
as ervas, as alcaparras e o suco do limão;
tempere a gosto com sal e pimenta-do-reino.
quatro Cozinhe o macarrão em água fervente
abundante com um pouco de sal por cerca de
2 minutos ou até ficar *al dente*. Escorra
ligeiramente e volte à panela. Acrescente o
queijo de cabra e a manteiga de ervas e
misture os ingredientes delicadamente. Sirva
salpicado com as tirinhas da casca de limão.

MASSAS **29**

Se você não conseguir massa fresca para este prato, use massa seca e cozinhe-a enquanto estiver preparando o molho. Sempre escorra a massa levemente de modo a reter bastante umidade para que o molho não resseque.

30 MASSAS

Uma única pimenta tailandesa dá a esse prato um toque realmente picante. Substitua por uma pimenta mais suave se não quiser se arriscar.

macarrão com legumes em molho de coco picante

tempo de preparo **10 min**
tempo de cozimento **10 min**
tempo total **20 min**
rendimento **4 porções**

125 g de macarrão para *yakisoba*
2 colheres (sopa) de óleo de amendoim ou outro
óleo vegetal
1 cebola picada
1 pimenta tailandesa, sem sementes, cortada em
rodelas (se não encontrar, use pimenta-malagueta)
3 dentes de alho, cortados em fatias
um pedaço de gengibre fresco de 5 cm,
descascado e ralado
2 colheres (chá) de coentro em pó
½ colher (chá) de cúrcuma
1 talo de erva-cidreira, cortado em fatias fininhas
400 ml de leite de coco
300 ml de Caldo de legumes (ver p. 7)
125 g de couve ou repolho, bem picado
275 g de vagem, cortada na diagonal
150 g de cogumelos *shiitake*, cortados em fatias
75 g de amendoim descascado, sem sal
sal e pimenta-do-reino

um Cozinhe o macarrão de acordo com as
instruções na embalagem.
dois Aqueça o óleo numa panela grande. Junte
a cebola, a pimenta, o alho, o gengibre, o
coentro, a cúrcuma e a erva-cidreira e salteie
em fogo baixo por 5 minutos.
três Escorra o macarrão. Junte o leite de coco e
o caldo à panela e deixe levantar fervura. Abaixe
o fogo e acrescente a couve, a vagem, os
cogumelos e o macarrão escorrido. Tampe a
panela e cozinhe em fogo baixo por 5 minutos.
Junte o amendoim e tempere a gosto com sal e
pimenta-do-reino. Sirva em cumbucas.

macarrão de arroz com vagem e gengibre

tempo de preparo **10 min**
tempo de cozimento **5 min**
tempo total **15 min**
rendimento **4 porções**

100 g de macarrão de arroz fininho
125 g de vagem, cortada ao meio
raspas e suco de 2 limões Taiti
1 pimenta tailandesa, sem sementes e bem
picadinha (se não encontrar, use pimenta-
malagueta)
um pedaço de gengibre fresco de 2,5 cm,
descascado e bem picado
2 colheres (chá) de açúcar
um punhadinho de coentro picado
50 g de abacaxi desidratado em pedaços, picado

um Coloque o macarrão numa tigela, cubra
com bastante água fervente e deixe descansar
4 minutos até amolecer.
dois Enquanto isso, cozinhe a vagem em água
fervente por 3 minutos até ficar macia. Escorra.
três Misture as raspas e o suco do limão, a
pimenta, o gengibre, o açúcar e o coentro
numa tigelinha.
quatro Escorra o macarrão e coloque numa
tigela grande. Acrescente a vagem cozida, o
abacaxi e o tempero, e misture delicadamente
antes de servir. Para uma alternativa fria, esfrie
o macarrão e a vagem sob água fria corrente.
Para transformá-lo em um prato principal para
duas pessoas, acrescente um pouco de tofu
defumado em cubinhos.

panquecas de macarrão de arroz com legumes salteados

tempo de preparo **15 min**
tempo de cozimento **15 min**
tempo total **30 min**
rendimento **4 porções**

175 g de macarrão de arroz do tipo largo, seco
1 pimenta-verde, sem sementes,
   cortada em rodelas
um pedaço de gengibre fresco de 2,5 cm,
   descascado e ralado
3 colheres (sopa) de coentro picado
2 colheres (chá) de farinha de trigo
2 colheres (chá) de óleo, mais um pouco para a
   fritura

MACARRÃO SALTEADO COM LEGUMES
125 g de brócolis
2 colheres (sopa) de óleo de amendoim
   ou outro óleo vegetal
1 cebola pequena, cortada em rodelas
1 pimentão vermelho, sem sementes
   e cortado em rodelas
1 pimentão amarelo ou cor de laranja,
   sem sementes e cortado em rodelas
125 g de ervilha-torta, cortada ao meio no sentido
   do comprimento
6 colheres (sopa) de molho *hoisin* (procure em
   casas especializadas em produtos orientais)
1 colher (sopa) de suco de limão Taiti
sal e pimenta-do-reino

um Cozinhe o macarrão em água fervente com um pouco de sal por 3 minutos ou até ficar *al dente*. Escorra bem. Transfira para uma tigela, acrescente a pimenta, o gengibre, o coentro, a farinha e as 2 colheres de chá de óleo e misture bem. Reserve.

dois Corte os talos dos brócolis em fatias fininhas e corte os floretes em pedacinhos. Cozinhe os talos em água fervente por 30 segundos, junte os floretes e cozinhe por mais 30 segundos. Escorra bem.

três Aqueça o óleo de amendoim ou outro óleo vegetal num *wok* ou frigideira grande, coloque a cebola e salteie por 2 minutos. Adicione os pimentões e salteie por 3 minutos ou até ficarem macios, mas ainda conservando a textura. Junte os brócolis cozidos e a ervilha-torta, o molho *hoisin* e o suco de limão; tempere a gosto com sal e pimenta-do-reino e reserve.

quatro Aqueça 1 cm de óleo na frigideira. Coloque 4 boas colheradas separadas de macarrão (metade da mistura) no óleo. Frite por uns 5 minutos ou até as panquecas ficarem crocantes e levemente douradas. Escorra em papel-toalha. Mantenha aquecidas enquanto frita o restante da mistura de macarrão.

cinco Aqueça bem os legumes por 1 minuto no *wok* ou na frigideira. Coloque 2 panquecas em cada um dos 4 pratos individuais e cubra-as com os legumes.

MASSAS **33**

feijões e outras leguminosas

Basta abrir uma lata de feijão, lentilha ou outra leguminosa para o cozinheiro vegetariano ter um dos meios mais versáteis de conseguir uma refeição rápida e fácil. Use-os como ingrediente básico, deixando que o acréscimo de sabores intensos como de alho, especiarias, ervas e outros condimentos transforme as receitas em delícias culinárias.

kafta de amêndoas com coalhada seca de hortelã

tempo de preparo **15 min**
tempo de cozimento **10 min**
tempo total **25 min**
rendimento **4 porções**

5-6 colheres (sopa) de óleo de amendoim ou
    outro óleo vegetal
1 cebola picada
$^1/_2$ colher (chá) de pimenta calabresa
2 dentes de alho, picados grosseiramente
1 colher (sopa) de pasta de curry não muito
    picante
425 g de feijão-branco em lata, lavado e escorrido
    (ou a mesma quantidade de feijão cozido, sem
    o caldo)
125 g de amêndoas moídas
75 g de amêndoas caramelizadas ou salgadas,
    picadas
1 ovo pequeno
200 ml de coalhada seca
2 colheres (sopa) de hortelã picada
1 colher (sopa) de suco de limão-siciliano
sal e pimenta-do-reino
naan (pão indiano achatado) quente, para
    acompanhar
raminhos de hortelã, para decorar

um Deixe de molho 8 espetinhos de bambu em água quente enquanto prepara as *kaftas*. Ou então, use espetinhos de metal, que não precisam ser deixados de molho. Aqueça 3 colheres de sopa de óleo numa frigideira, junte a cebola e refogue por 4 minutos. Acrescente a pimenta calabresa, o alho, a pasta de curry e frite por 1 minuto.

dois Transfira a mistura para um processador de alimentos ou liquidificador com o feijão, as amêndoas moídas, as amêndoas picadas, o ovo e um pouco de sal e pimenta-do-reino. Bata até a mistura começar a dar liga.

três Com as mãos levemente enfarinhadas, pegue cerca de um oitavo da mistura e molde-a ao redor de um espeto, formando uma salsicha de aproximadamente 2,5 cm de grossura. Molde mais 7 *kaftas* da mesma maneira.

quatro Coloque numa grelha forrada com papel-alumínio e pincele com mais 1 colher de sopa de óleo. Asse sob um grelhador preaquecido em temperatura média por cerca de 5 minutos até dourar, virando uma vez.

cinco Enquanto isso, misture a coalhada e a hortelã numa tigelinha e tempere a gosto com sal e pimenta-do-reino. Numa outra tigela, misture o restante do óleo, o suco de limão e um pouco de sal e pimenta-do-reino.

seis Pincele as *kaftas* com o tempero de limão e sirva com a coalhada temperada sobre o *naan* quente, decorado com raminhos de hortelã.

FEIJÕES E OUTRAS LEGUMINOSAS **37**

lentilha refogada com cogumelo e gremolata

tempo de preparo **5 min**
tempo de cozimento **25 min**
tempo total **30 min**
rendimento **4 porções**

50 g de manteiga
1 cebola picada
2 talos de aipo, cortados em fatias
2 cenouras cortadas em rodelas
175 g de lentilha de Puy ou lentilha verde, lavada
600 ml de Caldo de legumes (ver p. 7)
250 ml de vinho branco seco
2 folhas de louro
2 colheres (sopa) de tomilho picado
3 colheres (sopa) de azeite de oliva extravirgem
325 g de cogumelos, cortados em lâminas
sal e pimenta-do-reino

GREMOLATA
2 colheres (sopa) de salsinha picada
raspas de 1 limão-siciliano
2 dentes de alho picados

um Derreta a manteiga numa panela pequena e refogue a cebola, o aipo e a cenoura por 3 minutos. Junte a lentilha, o caldo, o vinho, as ervas e um pouco de sal e pimenta-do-reino. Deixe levantar fervura, abaixe o fogo e cozinhe em fogo baixo, sem tampa, por 20 minutos ou até a lentilha ficar macia.
dois Enquanto isso, misture os ingredientes da gremolata.
três Aqueça o azeite numa frigideira. Acrescente os cogumelos e refogue por cerca de 2 minutos até dourarem. Tempere com um pouco de sal e pimenta-do-reino.
quatro Distribua a lentilha em pratos individuais, cubra com os cogumelos e sirva com a gremolata salpicada por cima.

cozido de feijão-preto e repolho

tempo de preparo **8 min**
tempo de cozimento **20 min**
tempo total **28 min**
rendimento **4 porções**

4 colheres (sopa) de azeite de oliva
1 cebola grande, picada
1 alho-poró picado
3 dentes de alho, cortados em fatias
1 colher (sopa) de páprica
2 colheres (sopa) de manjerona ou tomilho, picado
625 g de batata, cortada em pedaços pequenos
425 g de feijão-preto ou feijão-fradinho em lata, lavado e escorrido (ou a mesma quantidade de feijão cozido, sem o caldo)
1 litro de Caldo de legumes (ver p. 7)
175 g de repolho ou couve, cortado em tiras finas
sal e pimenta-do-reino
pão rústico, para acompanhar

um Aqueça o azeite numa panela grande. Acrescente a cebola e o alho-poró e refogue ligeiramente por 3 minutos. Junte o alho e a páprica e frite por mais 2 minutos.
dois Acrescente a manjerona, a batata, o feijão, o caldo e deixe levantar fervura. Abaixe o fogo, tampe a panela e cozinhe por aproximadamente 10 minutos até a batata ficar macia, mas sem desmanchar.
três Acrescente o repolho e tempere a gosto com sal e pimenta-do-reino. Cozinhe em fogo baixo por mais 5 minutos. Sirva o cozido com pão rústico.

FEIJÕES E OUTRAS LEGUMINOSAS 39

dhal de lentilha vermelha com quiabo

tempo de preparo **5 min**
tempo de cozimento **25 min**
tempo total **30 min**
rendimento **4 porções**

1 cebola picada
250 g de lentilha vermelha, lavada e escorrida
1 colher (chá) de cúrcuma
1 pimenta verde, sem sementes, cortada em rodelinhas
2 colheres (sopa) de extrato de tomate
900 ml de Caldo de legumes (ver p. 7)
150 ml de leite de coco
2 colheres (sopa) de óleo de amendoim ou outro óleo vegetal
250 g de quiabo, cortado ao meio
2 colheres (chá) de sementes de cominho
1 colher (sopa) de sementes de mostarda
2 colheres (chá) de sementes de cominho-preto
2 dentes de alho, picados
6 folhas de curry (opcional)
sal e pimenta-do-reino

um Coloque a cebola, a lentilha, a cúrcuma, a pimenta, o extrato de tomate, o caldo e o leite de coco numa panela. Deixe levantar fervura, abaixe o fogo e cozinhe em fogo baixo, sem tampa, por 15 minutos ou até a mistura engrossar, mexendo sempre.

dois Enquanto isso, aqueça o óleo numa frigideira. Junte o quiabo, as sementes de cominho, as sementes de mostarda, as sementes de cominho-preto, o alho e as folhas de curry, se for usá-las. Refogue em fogo baixo por 5 minutos ou até o quiabo ficar macio.

três Tempere o *dhal* de lentilha a gosto com sal e pimenta-do-reino e disponha em pratos individuais. Sirva com o quiabo refogado por cima.

A lentilha vermelha cozinha muito mais rápido do que muitas leguminosas e não precisa ser deixada de molho, de modo que é a opção perfeita para uma refeição rápida e fácil. Sirva esse prato picante com o *naan* (pão indiano) ou *paratha* (pão folhado) e *chutney* de manga para completar a refeição.

40 FEIJÕES E OUTRAS LEGUMINOSAS

purê de grão-de-bico com ovos e azeite temperado

tempo de preparo **5 min**
tempo de cozimento **7 min**
tempo total **12 min**
rendimento **2 porções**

400 g de grão-de-bico em lata, lavado e escorrido
(ou a mesma quantidade de grão-de-bico
cozido, sem o caldo)
3 dentes de alho, cortados em fatias
4 colheres (sopa) de *tahine*
4 colheres (sopa) de leite
5 colheres (sopa) de azeite de oliva
4 colheres (chá) de suco de limão-siciliano
2 ovos
$1/2$ colher (chá) de cada uma destas sementes:
cominho, coentro e erva-doce, ligeiramente
socadas
1 colher (chá) de gergelim
$1/4$ de colher (chá) de pimenta calabresa
uma boa pitada de cúrcuma
sal e pimenta-do-reino
folhinhas de coentro, para decorar

um Coloque o grão-de-bico num processador de alimentos ou liquidificador com o alho, o *tahine*, o leite, 2 colheres de sopa de azeite e 3 colheres de chá do suco de limão. Tempere a gosto com sal e pimenta-do-reino e bata até obter uma massa homogênea, raspando a mistura das bordas durante o processo. Transfira para uma panela de fundo grosso e aqueça em fogo baixo por cerca de 3 minutos enquanto prepara os ovos.

dois Aqueça outra colher de sopa de azeite numa frigideira pequena e frite os ovos. Faça um montinho do purê de grão-de-bico em pratos individuais e cubra cada um com um ovo.

três Junte o restante do azeite e os condimentos à panela e aqueça em fogo baixo por 1 minuto. Tempere levemente com sal e pimenta-do-reino e junte o restante do suco de limão. Despeje sobre os ovos e sirva decorado com as folhas de coentro.

FEIJÕES E OUTRAS LEGUMINOSAS **41**

O purê de grão-de-bico com ovo frito e azeite temperado
é um excelente lanche a qualquer hora do dia. Se sobrar
purê, sirva como se fosse *homus*, com pão sírio quente.

42 FEIJÕES E OUTRAS LEGUMINOSAS

feijão-branco sobre torradas

tempo de preparo **5 min**
tempo de cozimento **25 min**
tempo total **30 min**
rendimento **2–3 porções**

2 colheres (sopa) de óleo de amendoim ou outro
óleo vegetal
1 cebola picada
1 talo de aipo, cortado em fatias finas
1 colher (chá) de amido de milho
425 g de feijão-branco em lata
(ou a mesma quantidade de feijão cozido)
250 g de tomate pelado picado
300 ml de Caldo de legumes (ver p. 7)
1 colher (sopa) de mostarda em grãos
(à la Ancienne)
1 colher (sopa) de melado
1 colher (sopa) de ketchup
1 colher (sopa) de molho inglês
sal e pimenta-do-reino
pão rústico torrado, para acompanhar

um Aqueça o óleo numa panela e refogue a
cebola e o aipo por 5 minutos ou até ficar
dourado. Misture o amido de milho com 2
colheres de sopa de água e junte à panela com
o restante dos ingredientes.
dois Deixe levantar fervura, abaixe ligeiramente
o fogo e cozinhe, sem tampa, por cerca de 20
minutos, mexendo sempre, até a mistura
engrossar. Sirva sobre as torradas.

feijão-vermelho com coco e castanha-de-caju

tempo de preparo **8 min**
tempo de cozimento **22 min**
tempo total **30 min**
rendimento **4 porções**

3 colheres (sopa) de óleo de amendoim ou outro
óleo vegetal
2 cebolas picadas
2 cenouras pequenas,
cortadas em rodelas fininhas
3 dentes de alho, amassados
1 pimentão vermelho, sem sementes, picado
2 folhas de louro
1 colher (sopa) de páprica
3 colheres (sopa) de extrato de tomate
400 ml de leite de coco
200 g de tomate pelado picado
150 ml de Caldo de legumes (ver p. 7)
425 g de feijão-vermelho, cozido e escorrido
100 g de castanha-de-caju sem sal, torradas
um punhadinho de coentro,
picado grosseiramente
sal e pimenta-do-reino
arroz branco ou preto cozido, para acompanhar

um Aqueça o óleo numa panela grande. Acrescente
a cebola e a cenoura e frite por 3 minutos. Junte o
alho, o pimentão, o louro e refogue por 5 minutos
até os vegetais amolecerem e ficarem bem
dourados.
dois Acrescente a páprica, o extrato de tomate, o
leite de coco, o tomate, o caldo e o feijão e deixe
levantar fervura. Abaixe o fogo e cozinhe em fogo
baixo, sem tampa, por 12 minutos ou até os
vegetais ficarem macios.
três Acrescente a castanha-de-caju e o coentro,
tempere a gosto com sal e pimenta-do-reino, e
aqueça bem por 2 minutos. Sirva com arroz.

FEIJÕES E OUTRAS LEGUMINOSAS **43**

FEIJÕES E OUTRAS LEGUMINOSAS

queijo picante e bolinhos de milho

tempo de preparo **15 min**
tempo de cozimento **6 min**
tempo total **21 min**
rendimento **4 porções**

125 g de milho em lata, escorrido
200 g de feijão-branco em lata, escorrido (ou a mesma quantidade de feijão cozido, sem o caldo)
125 g de semolina ou fubá
125 g de queijo cheddar, ralado
½ colher (chá) de pimenta calabresa
4 colheres (sopa) de *chutney* de manga
1 ovo
óleo para fritar
sal e pimenta-do-reino

um Coloque o milho e o feijão num processador de alimentos ou liquidificador e bata até tudo ficar bem picadinho, ou amasse com um garfo numa tigela. Transfira para uma tigela, se for necessário, e acrescente a semolina, o queijo e a pimenta calabresa.
dois Pique os pedaços maiores do *chutney*. Acrescente à tigela com o ovo e misture até formar uma massa. Tempere com sal e pimenta-do-reino.
três Com as mãos levemente enfarinhadas, faça 12 bolinhas com a mistura e achate. Aqueça um pouco de óleo numa frigideira, adicione os bolinhos e frite em fogo baixo por cerca de 3 minutos de cada lado até dourarem. Escorra e sirva quente.

caçarola de feijões e cerveja com bolinhos

tempo de preparo **5 min**
tempo de cozimento **25 min**
tempo total **30 min**
rendimento **4 porções**

4 colheres (sopa) de óleo de amendoim ou outro óleo vegetal
1 cebola cortada em rodelas
1 talo de aipo, cortado em fatias finas
1 pastinaca, cortada em rodelas
425 g de feijões mistos, cozidos e escorridos
425 g de *baked beans* em lata*
250 ml de cerveja Guinness ou outra cerveja preta forte
250 ml de Caldo de legumes (ver p. 7)
4 colheres (sopa) de ervas picadas grosseiramente, como alecrim, manjerona, tomilho
150 g de farinha com fermento
75 g de gordura vegetal
2 colheres (sopa) de molho de mostarda em grãos (*à la Ancienne*)
sal e pimenta-do-reino

um Aqueça o óleo numa panela grande ou refratária e frite a cebola, o aipo e a pastinaca por 3 minutos. Acrescente os feijões mistos, o *baked beans*, a cerveja, o caldo e 3 colheres de sopa de ervas. Depois que levantar fervura, deixe a mistura borbulhar, sem tampa, por 8-10 minutos até começar a engrossar.
dois Enquanto isso, misture a farinha, a gordura, a mostarda, o restante das ervas e um pouco de sal e pimenta-do-reino numa tigela com 8-9 colheres de sopa de água fria para formar uma massa mole.
três Distribua uniformemente 8 colheradas da massa na panela e tampe. Cozinhe por mais 10 minutos ou até os bolinhos ficarem leves e macios. Sirva imediatamente.

---

*N.T. Trata-se de um feijão adocicado, que leva bacon, molho de tomate e açúcar mascavo e é assado lentamente no forno para o molho engrossar.

bolinhos de feijão-vermelho e pimentão com maionese de limão

tempo de preparo **10 min**
tempo de cozimento **10 min**
tempo total **20 min**
rendimento **4 porções**

75 g de vagem-macarrão, picada grosseiramente
2 colheres (sopa) de óleo de amendoim ou outro
   óleo vegetal
1 pimentão vermelho, sem sementes,
   cortado em cubinhos
4 dentes de alho, amassados
2 colheres (chá) de páprica doce
425 g de feijão-vermelho, cozido e escorrido
75 g de farinha de rosca ou de pão
1 gema de ovo
óleo para fritar
sal e pimenta-do-reino

MAIONESE DE LIMÃO
4 colheres (sopa) de maionese
raspas de 1 limão-siciliano
1 colher (chá) de suco de limão-siciliano

um Escalde a vagem em água fervente por 1 a
2 minutos até amolecer. Escorra.
dois Enquanto isso, aqueça o óleo numa
frigideira, junte o pimentão, o alho e a páprica e
refogue por 2 minutos.
três Transfira a mistura para um processador
de alimentos ou liquidificador e junte o feijão,
a farinha de rosca e a gema. Bata muito
rapidamente, só até os ingredientes ficarem
grosseiramente picados. Junte a vagem
escorrida e tempere a gosto com sal e
pimenta-do-reino. Bata de novo, mais uma vez
bem rapidamente, só para misturar os
ingredientes.
quatro Despeje a mistura numa tigela e divida
em oito porções. Com as mãos levemente
enfarinhadas, faça bolinhos de cada porção.
cinco Misture a maionese com as raspas e o
suco de limão e tempere a gosto com sal e
pimenta-do-reino.
seis Aqueça o óleo numa frigideira grande e
frite os bolinhos por 3 minutos de cada lado até
ficarem crocantes e dourados. Sirva com a
maionese de limão.

Coloque esses bolinhos crocantes dentro
de um pão sírio quente e sirva com
salada, para um almoço ou jantar bastante
nutritivo. Os bolinhos não fritos podem
ser conservados na geladeira,
entremeados com papel-manteiga, por
1 ou 2 dias.

arroz

O arroz é o ingrediente básico de tantos países ao redor do mundo que oferece uma variedade fabulosa de pratos interessantes para o cozinheiro vegetariano. Embora algumas variedades levem mais tempo para cozinhar, ainda assim há muitas opções fáceis, inclusive pratos orientais doces e aromáticos, *pilafs* picantes ao estilo do Oriente Médio e risotos italianos cremosos e reconfortantes.

bolinhos de risoto de castanha-portuguesa

tempo de preparo **10 min**
tempo de cozimento **20 min**
tempo total **30 min**
rendimento **4 porções**

15 g de cogumelos Porcini secos
1 colher (sopa) de azeite de oliva
175 g de arroz para risoto
600 ml de Caldo de legumes quente (ver p. 7)
50 g de manteiga
1 cebola picada
3 dentes de alho, amassados
200 g de castanha-portuguesa, cozida e descascada
75 g de queijo parmesão, ralado
1 ovo levemente batido
50 g de fubá
óleo para fritar
sal e pimenta-do-reino

um Coloque os cogumelos secos numa vasilha e cubra com água fervente. Reserve.

dois Aqueça o azeite numa panela e refogue o arroz, mexendo, por 1 minuto. Junte o caldo quente e deixe levantar fervura. Abaixe o fogo, tampe a panela parcialmente e cozinhe por 12 a 15 minutos, mexendo sempre, até o arroz ficar macio e o caldo ter sido absorvido. Transfira para uma tigela.

três Enquanto isso, derreta a manteiga numa panela. Acrescente a cebola e o alho e refogue ligeiramente por 2 minutos. Escorra e pique os cogumelos, adicione ao arroz com a mistura de cebola, a castanha picada, o parmesão e o ovo. Misture bem e tempere levemente com sal e pimenta-do-reino.

quatro Faça 12 bolinhos e passe-os no fubá. Aqueça o óleo numa frigideira grande e frite por 2 minutos de cada lado ou até dourarem. Sirva imediatamente.

risoto de favas, limão-siciliano e parmesão

tempo de preparo **5 min**
tempo de cozimento **25 min**
tempo total **30 min**
rendimento **4 porções**

25 g de manteiga
2 colheres (sopa) de azeite de oliva
1 cebola picada
2 dentes de alho, amassados
400 g de arroz para risoto
150 ml de vinho branco seco
1,2 litro de Caldo de legumes quente (ver p. 7)
150 g de fava fresca ou congelada
50 g de queijo parmesão ralado,
    mais um pouco para servir
raspas e suco de 1 limão-siciliano
sal e pimenta-do-reino

um Derreta a manteiga com o azeite numa panela grande de fundo grosso. Acrescente a cebola e o alho e refogue ligeiramente por 3 minutos. Junte o arroz e refogue por 1 minuto, mexendo.

dois Coloque o vinho e continue refogando até que ele seja absorvido. Acrescente um pouco do caldo e refogue, mexendo, até ter sido quase todo absorvido. Continue assim, acrescentando mais caldo aos poucos, até usar metade dele. Junte a fava.

três Aos poucos, junte o restante do caldo até a mistura engrossar e ficar cremosa, mas ainda *al dente*. Isso deve levar de 15 a 18 minutos. Acrescente o parmesão, as raspas e o suco do limão, e tempere a gosto com sal e pimenta-do-reino. Coloque em pratos individuais e sirva com mais queijo parmesão.

pilaf de arroz vermelho e pimentão

tempo de preparo **5 min**
tempo de cozimento **25 min**
tempo total **30 min**
rendimento **4 porções**

275 g de arroz vermelho de Camargue*
600 ml de Caldo de legumes quente (ver p. 7)
3 colheres (sopa) de azeite de oliva
1 cebola roxa grande, picada
2 colher (sopa) de páprica
3 dentes de alho, amassados
1 colher (chá) de pistilos de açafrão
2 pimentões vermelhos, sem sementes, cortados em rodelas
raspas de 1 limão-siciliano
2 colheres (chá) de suco de limão-siciliano
4 tomates picados grosseiramente
um punhadinho de salsinha lisa, picada grosseiramente, mais um pouco para decorar
50 g de azeitona preta sem caroço
sal e pimenta-do-reino

---

*N.T.: Tipo de arroz com grãos longos e finos produzido na região de Camargue, sul da França, cuja casca tem tom vermelho-acastanhado. Encontrado em casas de produtos importados, pode ser substituído pelo arroz vermelho cultivado no Brasil, disponível em supermercados.

um Coloque o arroz, o caldo quente e 600 ml de água fervente numa panela grande. Deixe levantar fervura, tampe e cozinhe por 25 minutos até ficar macio, mexendo sempre.
dois Enquanto isso, aqueça o azeite numa panela. Acrescente a cebola e refogue em fogo baixo por 3 minutos. Junte a páprica, o alho, o açafrão, o pimentão, e refogue ligeiramente por 5 minutos.
três Junte as raspas e o suco do limão, o tomate, a salsinha e cozinhe em fogo baixo, sem tampa, por 5 minutos.
quatro Escorra o arroz e adicione à panela com a azeitona. Tempere a gosto com sal e pimenta-do-reino. Misture bem e sirva polvilhado com salsinha.

arroz japonês com nori

tempo de preparo **10 min**
tempo de cozimento **15 min**
tempo total **25 min**
rendimento **4 porções**

225 g de arroz japonês para sushi ou outro arroz de grão curto
2 colheres (sopa) de gergelim preto ou branco
1 colher (chá) de sal grosso
1 colher (sopa) de óleo de amendoim ou outro óleo vegetal
2 ovos batidos
4 cebolinhas, cortadas em rodelas finas
1 pimenta dedo-de-moça, sem sementes, cortada em rodelas
4 colheres (sopa) de vinagre de arroz
2 colheres (chá) de açúcar
1 colher (sopa) de molho de soja light
25 g de gengibre em conserva japonês
2 folhas de alga *nori* tostadas

um Coloque o arroz numa panela de fundo grosso com 400 ml de água. Deixe levantar fervura, abaixe o fogo e cozinhe, sem tampa, por 5 minutos até absorver toda a água. Tampe a panela e cozinhe por mais 5 minutos até o arroz ficar macio.
dois Enquanto isso, coloque o gergelim numa frigideira pequena com sal e aqueça em fogo baixo por uns 2 minutos até as sementes ficarem ligeiramente tostadas. Tire da panela e reserve.
três Aqueça o óleo na panela, acrescente os ovos batidos e frite até ficarem firmes. Passe a omelete para um prato, enrole e corte em tirinhas.
quatro Transfira o arroz cozido para uma tigela, junte as cebolinhas, a pimenta, o vinagre de arroz, o açúcar, o molho de soja, o gengibre e metade do gergelim tostado. Esfarele 1 folha de *nori* sobre o arroz e misture com as tirinhas de omelete.
cinco Transfira para uma travessa. Esfarele a outra folha de *nori* sobre o arroz e polvilhe com o restante do gergelim tostado.

pilaf picante com nozes em conserva

tempo de preparo **7 min**
tempo de cozimento **23 min**
tempo total **30 min**
rendimento **4 porções**

3 colheres (sopa) de azeite de oliva
1 cebola grande, picada
4 dentes de alho, cortados em fatias
¼ de colher (chá) de pimenta-da-jamaica moída
50 g de *pinoli*
2 colheres (chá) de gengibre ralado
250 g de arroz-agulhinha
1 colher (chá) de pistilos de açafrão
300 ml de Caldo de legumes (ver p. 7)
50 g de nozes em conserva*, picadas grosseiramente
50 g de damasco seco, cortado em fatias
4 colheres (sopa) de coentro, picado grosseiramente
sal e pimenta-do-reino
coalhada seca, para acompanhar

um Aqueça o azeite numa frigideira grande de fundo grosso. Acrescente a cebola, o alho, a pimenta-da-jamaica, o *pinoli*, o gengibre, e refogue ligeiramente por 5 minutos.
dois Junte o arroz e refogue por 1 minuto, mexendo. Acrescente o açafrão e o caldo e deixe levantar fervura. Abaixe o fogo, tampe a panela parcialmente e cozinhe por 10 a 15 minutos até o arroz ficar macio; acrescente um pouco do caldo se a mistura ficar muito seca.
três Junte as nozes em conserva, o damasco e o coentro, e tempere a gosto com sal e pimenta-do-reino. Aqueça bem por 2 minutos e sirva com coalhada seca.

---

*N.T.: No original: *pickled walnuts*. Trata-se de um tipo de conserva tipicamente britânico, feito com o fruto inteiro, fresco, e conservado numa calda agridoce. Em sabor, lembra a *tapenade* de azeitonas pretas. Tente substituir por azeitonas pretas picadas.

risoto de sálvia e nozes com crosta de queijo

tempo de preparo **5 min**
tempo de cozimento **25 min**
tempo total **30 min**
rendimento **4 porções**

50 g de manteiga
1 cebola picada
375 g de arroz para risoto
1,3 litro de Caldo de legumes quente (ver p. 7)
2 colheres (sopa) de sálvia picada
50 g de nozes, picadas grosseiramente
250 g de queijo *brie*, cortado em fatias fininhas
sal e pimenta-do-reino
salada de folhas, para acompanhar

um Derreta a manteiga numa panela grande de fundo grosso. Acrescente a cebola e frite por 2 minutos. Junte o arroz e refogue por 1 minuto, mexendo.
dois Acrescente 2 conchas do caldo e refogue, mexendo, até ele ter sido quase todo absorvido. Acrescente mais um pouco do caldo e continue mexendo até ter sido quase todo absorvido. Continue até usar todo o caldo e o arroz ficar cremoso, mas *al dente*. Isso deve levar de 15 a 18 minutos.
três Junte a sálvia e as nozes e tempere a gosto com sal e pimenta-do-reino. Transfira para um refratário raso e cubra com as fatias de *brie*. Asse sob um grelhador preaquecido, por cerca de 3 minutos até o queijo derreter. Sirva com salada de folhas.

kedgeree com alcachofra e manteiga de alecrim

tempo de preparo **5 min**
tempo de cozimento **15 min**
tempo total **20 min**
rendimento **4 porções**

250 g de arroz Basmati
50 g de manteiga derretida
1 colher (sopa) de alecrim picado
1 colher (sopa) de cebolinha-francesa picada
1 colher (sopa) de suco de limão Taiti
2 colheres (sopa) de azeite de oliva
1 cebola picada
1 colher (chá) de coentro em grãos, socado
1 colher (chá) de sementes de erva-doce, socadas
425 g de fundo de alcachofra em conserva, lavado, escorrido e cortado ao meio
6 ovos bem cozidos, cortados em meias-luas
sal e pimenta-do-reino
gomos de limão Taiti, para decorar

um Cozinhe o arroz em bastante água fervente com um pouco de sal por cerca de 10 minutos ou até ficar macio. Escorra bem.
dois Enquanto isso, misture a manteiga derretida, as ervas picadas e o suco de limão, e tempere com sal e pimenta-do-reino.
três Aqueça o azeite numa frigideira. Acrescente a cebola e os condimentos, e refogue ligeiramente por 5 minutos. Adicione o arroz e os fundos de alcachofra à panela, tempere a gosto com sal e pimenta-do-reino, e aqueça em fogo baixo por 1 minuto. Acrescente os ovos delicadamente.
quatro Transfira para pratos individuais e despeje a manteiga de ervas por cima. Sirva decorado com os gomos de limão.

54 ARROZ

A folha de bananeira mantém intactos o sabor e a umidade dos alimentos que vão ao forno nela embrulhados, além de criar uma apresentação exótica se você estiver recebendo convidados para um jantar. Mas, se preferir, simplesmente envolva o arroz em papel-manteiga ou papel-alumínio para aquecer bem.

ARROZ **55**

arroz de coco com molho de amendoim

tempo de preparo **15 min**
tempo de cozimento **12 min**
tempo total **27 min**
rendimento **4 porções**

300 g de arroz de jasmim ou arroz tailandês
    aromático
450 ml de leite de coco
$1/2$ colher (de chá) de pimenta calabresa
1 colher (de chá) de açúcar
um punhadinho de coentro picado
4 pedaços de 28 cm de folha de bananeira,
    lavados
1 limão Taiti
1 mamão papaia, descascado, sem sementes,
    cortado em fatias
4 cebolinhas, cortadas em tiras finas no sentido do
    comprimento
75 g de castanha-de-caju torrada e salgada
sal e pimenta-do-reino

MOLHO
½ cebola pequena bem picadinha
1 talo de erva-cidreira, cortado em fatias fininhas
4 colheres (sopa) de pasta de amendoim
1 colher (sopa) de açúcar mascavo escuro
150 ml de leite de coco
2 colheres (sopa) de molho de soja

um Coloque o arroz numa panela com o leite de coco e 350 ml de água. Deixe levantar fervura, abaixe o fogo e cozinhe em fogo brando, mexendo sempre, por cerca de 5 minutos até a mistura absorver quase toda a água e ficar cremosa. Tire a panela do fogo e junte a pimenta calabresa, o açúcar e o coentro. Tempere a gosto com sal e pimenta-do-reino.

dois Coloque a mistura no centro das folhas de bananeira. Dobre as laterais para cobrir o arroz, depois passe uma ponta por dentro da outra para formar pacotinhos. Coloque numa assadeira e leve ao forno preaquecido a 220°C por cerca de 5 minutos até as folhas começarem a escurecer.

três Enquanto isso, coloque os ingredientes do molho numa panela pequena e aqueça bem até engrossar, mexendo sempre.

quatro Com uma faca *canelle* ou um raspador de limão (*zester*), corte tiras finas da casca do limão. Remova o restante da parte branca e descarte. Em seguida, corte entre as membranas para separá-las dos gomos.

cinco Abra os pacotinhos e junte o mamão, a cebolinha, a castanha-de-caju, os gomos e as tirinhas do limão. Sirva com o molho.

arroz de limão com queijo feta e pimentões grelhados

tempo de preparo **5 min**
tempo de cozimento **25 min**
tempo total **30 min**
rendimento **4 porções**

3 colheres (sopa) de azeite de oliva
1 cebola cortada em rodelas
3 dentes de alho, amassados
1 limão-siciliano pequeno, cortados em fatias
325 g de arroz-agulhinha
600 ml de Caldo de legumes (ver p. 7)
1 colher (sopa) de alecrim, picadinho
1 abobrinha grande
2 pimentões vermelhos, sem sementes, cortados
  em oito
1 pimentão amarelo, sem sementes, cortado em 8
  pedaços
200 g de queijo feta, cortado em cubinhos
sal e pimenta-do-reino

um Aqueça 2 colheres de sopa do azeite numa panela. Acrescente a cebola e frite por 3 minutos. Adicione o alho e as fatias de limão, e frite por mais 2 minutos. Junte o arroz, o caldo e o alecrim, e deixe levantar fervura. Abaixe o fogo, tampe a panela parcialmente e cozinhe por 15 minutos até o arroz ficar macio e o caldo ter sido absorvido.
dois Corte a abobrinha na diagonal em fatias longas e finas. Aqueça o restante do azeite numa frigideira grande. Junte as fatias de abobrinha e os pimentões e refogue por 5 minutos até adquirirem certa cor, virando os vegetais e apertando os pimentões contra o fundo da frigideira com uma espátula à medida que cozinharem.
três Junte os legumes cozidos ao arroz, misture delicadamente com o queijo feta e tempere a gosto com sal e pimenta-do-reino. Aqueça bem por 1 minuto antes de servir.

risoto de beterraba com raiz-forte e mix de folhas

tempo de preparo **5 min**
tempo de cozimento **25 min**
tempo total **30 min**
rendimento **4 porções**

4 colheres (sopa) de azeite de oliva
1 cebola roxa grande, picada
3 dentes de alho, amassados
400 g de arroz para risoto
1,3 litro de Caldo de legumes quente (ver p. 7)
425 g de beterraba cozida, cortada em cubinhos
4 colheres (sopa) de endro (*dill*), picado
  grosseiramente
1-2 colheres (sopa) de raiz-forte ralada na hora
  ou 1 colher (sopa) de raiz-forte (em vidro)
50 g de macadâmia ou de amêndoas salgadas
sal e pimenta-do-reino
salada mix de folhas, para acompanhar

um Aqueça o azeite numa panela grande de fundo grosso. Acrescente a cebola e o alho e refogue ligeiramente por 3 minutos. Junte o arroz e refogue por 1 minuto, mexendo.
dois Acrescente 2 conchas do caldo quente e refogue, mexendo, até ele ter sido quase todo absorvido. Continue até usar todo o caldo e o arroz ficar cremoso, mas *al dente*. Isso deve levar uns 20 minutos.
três Junte a beterraba, o endro, a raiz-forte e as macadâmias. Tempere a gosto com sal e pimenta-do-reino e aqueça em fogo baixo por 1 minuto. Coloque o risoto em pratos individuais e sirva com a salada mix de folhas.

ARROZ **57**

Este risoto é um esplêndido prato principal para 4 pessoas, mas também pode servir como uma colorida entrada para 6 a 8 pessoas. Se você conseguir encontrar raiz-forte fresca, use-a em vez da versão pronta. O sabor é muito superior, mas cuidado com a intensidade da ardência, que pode variar desde suave até muito picante, dependendo de quão fresca for.

pizzas e pães

Feitas com uma base de pão rápida e simples, pizzas com coberturas caprichadas são surpreendentemente rápidas de preparar e se transformam em pratos sempre cativantes para o almoço ou jantar. Pães prontos, tanto os fermentados quanto os achatados (do tipo oriental), oferecem soluções ultrafáceis como base para uma variedade fascinante de recheios e coberturas vegetarianas.

pizza de espinafre, cebola e cream cheese

tempo de preparo **12 min**
tempo de cozimento **15 min**
tempo total **27 min**
rendimento **4 porções**

250 g de farinha com fermento
3 colheres (sopa) de azeite de oliva
1 colher (chá) de sal

COBERTURA
100 g de cream cheese
100 g de *crème fraîche*
2 colheres (chá) de alecrim picado
3 colheres (sopa) de azeite de oliva
1 cebola grande, cortada em fatias finas
375 g de espinafre bem novo
sal e pimenta-do-reino

um Unte uma assadeira grande. Coloque a farinha numa tigela com o azeite e o sal. Junte 100 ml de água e misture até formar uma massa lisa, juntando mais um pouco de água, uma colher de chá de cada vez, se a massa estiver muito seca. Abra a massa sobre uma superfície enfarinhada, formando um círculo com 28 cm de diâmetro. Coloque o disco na assadeira preparada e asse em forno preaquecido a 230°C por 5 minutos ou até assar por completo.
dois Para a cobertura, bata o cream cheese com o *crème fraîche*, o alecrim e um pouco de sal e pimenta-do-reino.
três Aqueça o azeite numa frigideira e refogue a cebola por 3 a 4 minutos até amolecer. Junte o espinafre e um pouco de sal e pimenta-do-reino e refogue, mexendo, por cerca de 1 minuto até o espinafre começar a murchar.
quatro Espalhe o espinafre sobre o disco de pizza, deixando uma borda de 1 cm. Coloque colheradas da mistura de queijo sobre o espinafre. Asse por mais 8 minutos ou até dourar.

PIZZAS E PÃES **61**

muffins com espinafre e ovo ao molho moutarde

tempo de preparo **10 min**
tempo de cozimento **8 min**
tempo total **18 min**
rendimento **4 porções**

200 g de folhas novas de espinafre
bastante noz-moscada ralada na hora
1 colher (sopa) de suco de limão-siciliano
2 gemas
1 colher (sopa) de molho de mostarda em grãos
    (*à la Ancienne*)
75 g de manteiga levemente salgada,
    cortada em cubinhos
4 muffins salgados, cortados ao meio
1 colher (sopa) de vinagre
4 ovos

um Coloque o espinafre e a noz-moscada
numa panela e acrescente 1 colher de sopa de
água. Reserve enquanto prepara o molho.
dois Coloque o suco de limão, as gemas e a
mostarda num refratário sobre uma panela de
água fervendo em fogo baixo. Acrescente a
manteiga, um pedaço de cada vez, batendo
até obter um molho grosso e liso. Isso leva uns 5
minutos. Se o molho ficar muito grosso,
acrescente uma colher de sopa de água quente.
Mantenha o molho sobre a água fervente até o
momento de usar.
três Toste os muffins e mantenha-os quentes.
Coloque o vinagre numa panela com bastante água
quente, deixe levantar fervura, quebre os ovos um
a um na panela e cozinhe-os. Tampe a panela do
espinafre e cozinhe por 1 minuto ou até murchar.
quatro Transfira os muffins para os pratos
individuais e cubra-o com o espinafre. Em seguida,
coloque os ovos *poché* e finalmente o molho.
Sirva imediatamente.

bruschetta de queijo de cabra, cebola e pinoli

tempo de preparo **5 min**
tempo de cozimento **10 min**
tempo total **15 min**
rendimento **2 porções**

5 colheres (sopa) de azeite de oliva
1 cebola roxa pequena, picada
3 colheres (sopa) de *pinoli*
4 fatias de pão *ciabatta*
1 dente de alho, amassado
2 colheres (sopa) de salsinha lisa picada
150 g de queijo de cabra firme,
    cortado em fatias fininhas

um Aqueça 2 colheres de sopa do azeite numa
frigideira, junte a cebola e o *pinoli*, e refogue
por 3 minutos até amolecer.
dois Toste um lado do pão sob um grelhador
preaquecido em temperatura média até dourar.
Numa tigela, misture o alho, a salsinha e o
restante do azeite. Vire o pão e espalhe a
mistura de alho. Grelhe até começar a dourar.
três Coloque o queijo de cabra e a mistura de
cebola sobre a torrada, aumente a temperatura do
forno e grelhe por mais 2 minutos. Sirva quente.

62 PIZZAS E PÃES

pizza de tomate, alcachofra e mussarela

tempo de preparo **10 min**
tempo de cozimento **20 min**
tempo total **30 min**
rendimento **4 porções**

250 g de farinha com fermento
3 colheres (sopa) de óleo
1 colher (chá) de sal
2 colheres (sopa) de pasta de tomate seco

COBERTURA
1 colher (sopa) de pasta de tomate seco
2 pimentas vermelhas ou verdes, suaves, cortadas
   ao meio e sem sementes
3 colheres (sopa) de ervas mistas picadas, como
   salsinha, orégano, alecrim, cebolinha-francesa
50 g de tomate seco em óleo, escorrido e cortado
   em fatias
150 g de minialcachofras em óleo, escorridas
2 tomates italianos cortados em quatro
150 g de mussarela, em fatias
50 g de azeitona preta
sal e pimenta-do-reino

um Unte uma assadeira grande. Coloque a farinha numa tigela com o óleo, o sal e a pasta de tomate seco. Junte 100 ml de água e misture para formar uma massa lisa, juntando mais um pouco de água se for necessário.
dois Abra a massa sobre uma superfície levemente enfarinhada, formando um círculo com 28 cm de diâmetro. Coloque o disco na assadeira preparada e asse em forno preaquecido a 230°C por 5 minutos.
três Para a cobertura, espalhe a pasta de tomate seco no disco, deixando uma borda de 1 cm. Corte as pimentas ao meio de novo, no sentido do comprimento, e espalhe sobre a pizza com metade das ervas, o tomate seco, a alcachofra, o tomate, o queijo e a azeitona. Polvilhe o restante das ervas por cima e tempere levemente com sal e pimenta-do-reino. Volte ao forno e asse por 10 a 15 minutos ou até o queijo derreter e os vegetais começarem a dourar.

PIZZAS E PÃES **63**

As pizzas feitas em casa têm aparência e sabor muito melhores do que a maioria das pizzas compradas prontas e, com certeza, são bem mais econômicas. Se você não conseguir encontrar as pimentas grandes, mais suaves, use tiras de pimentão vermelho ou espalhe finas fatias de uma pimenta picante sobre a pizza.

64 PIZZAS E PÃES

wraps de tortilha com feijão e relish de coentro

tempo de preparo **5 min**
tempo de cozimento **5 min**
tempo total **10 min**
rendimento **2 porções**

250 g de feijão refrito em lata (*refried beans*)
    (se não encontrar, use a mesma quantidade de
    feijão refogado amassado)
2 colheres (sopa) de molho de pimenta
2 pimentões vermelhos, sem sementes,
    bem picados
4 cebolinhas, cortadas em rodelas finas
1 colher (chá) de sementes de cominho
raspas e suco de 1 limão Taiti
1 colher (chá) de açúcar
15 g de coentro, picado
4 tortilhas
sal e pimenta-do-reino

um Coloque o feijão numa panela pequena
com o molho de pimenta e aqueça em fogo
baixo por 3 minutos.
dois Numa tigela, misture o pimentão, a
cebolinha, as sementes de cominho, as raspas
e o suco do limão, o açúcar e o coentro.
Tempere a gosto com sal e pimenta-do-reino.
três Toste ligeiramente as tortilhas e espalhe o
feijão. Por cima, despeje a mistura de coentro e
enrole as tortilhas.

hambúrgueres de cheddar com molho de pepino

tempo de preparo **10 min**
tempo de cozimento **8 min**
tempo total **18 min**
rendimento **4 porções**

200 g de feijão-branco em lata, escorrido
1 cebola bem picada
1 cenoura ralada
100 g de queijo cheddar maduro, ralado
100 g de farinha de rosca
1 ovo
1 colher (chá) de sementes de cominho
óleo para fritar
4 pãezinhos redondos
sal e pimenta-do-reino
salada, para acompanhar

MOLHO
½ pepino pequeno
2 colheres (sopa) de coentro picado
2 cebolinhas, cortadas em rodelas finas
1 colher (sopa) de suco de limão Taiti ou limão-siciliano
1 colher (chá) de açúcar

um Coloque o feijão-branco numa tigela e amasse-o
levemente com um garfo. Junte a cebola, a cenoura,
o queijo, a farinha de rosca, o ovo, as sementes de
cominho, sal e pimenta-do-reino, e misture bem.
dois Faça 4 bolinhos achatados com a mistura.
Aqueça um pouco de óleo numa frigideira grande
e frite os hambúrgueres por 8 minutos, virando uma
vez, até ficarem crocantes e dourados.
três Enquanto isso, prepare o molho: corte o pepino
ao meio no sentido do comprimento, tire
as sementes e pique bem fininho. Numa tigela
misture com o coentro, a cebolinha, o suco de limão
açúcar e um pouco de sal e pimenta-do-reino.
quatro Corte os pães ao meio e faça um sanduíche
com os hambúrgueres e o molho. Sirva com salada

O pesto de tomate seco tem todo o sabor vibrante da versão mais conhecida feita com manjericão (ver p. 8) e tem os mesmos usos. Experimente-o em pizzas, para temperar o macarrão ou misturado a sopas de legumes e a cozidos.

queijo de cabra tostado com pesto de tomate seco

tempo de preparo **10 min**
tempo de cozimento **5 min**
tempo total **15 min**
rendimento **4 porções**

4 fatias grossas de pão de nozes ou de grãos
250 g de queijo de cabra
salada de folhas, para acompanhar

PESTO DE TOMATE SECO
125 g de tomate seco em óleo, escorrido
4 colheres (sopa) de *pinoli*
10 azeitonas pretas sem caroço
2 dentes de alho, picados grosseiramente
5 colheres (sopa) de azeite de oliva
25 g de queijo parmesão, ralado
sal e pimenta-do-reino

um Para preparar o *pesto*, coloque o tomate seco num processador de alimentos ou liquidificador com o *pinoli*, a azeitona e o alho. Processe até ficar bem picado.
dois Com o processador ligado, acrescente o azeite em fio. Quando estiver bem misturado, coloque numa tigela e acrescente queijo parmesão, sal e pimenta-do-reino.
três Toste um lado do pão sob um grelhador preaquecido em temperatura média. Vire o pão e cubra com o queijo de cabra. Aumente a temperatura e grelhe o queijo até derreter e dourar. Transfira para os pratos individuais e, com o auxílio de uma colher, coloque o *pesto* por cima. Sirva com uma salada de folhas.

tortilhas com berinjela e molho picante de hortelã

tempo de preparo **10 min**
tempo de cozimento **10 min**
tempo total **20 min**
rendimento **2 porções**

4 colheres (sopa) de azeite de oliva
1 berinjela média, cortada em fatias fininhas
um punhadinho de hortelã, picada
um punhadinho de salsinha, picada
2 colheres (sopa) de cebolinha-francesa picada
1 pimenta-verde, sem sementes, cortada em rodelas
200 ml de coalhada seca
2 colheres (sopa) de maionese
2 tortilhas grandes
um pedaço de pepino de 7 cm, cortado em fatias fininhas
sal e pimenta-do-reino
páprica, para decorar

um Aqueça o azeite numa frigideira. Acrescente a berinjela e refogue por cerca de 10 minutos até dourar. Escorra e deixe esfriar.
dois Numa tigela, misture as ervas com a pimenta, a coalhada e a maionese, e tempere a gosto com sal e pimenta-do-reino.
três Arrume as fatias de berinjela sobre as tortilhas e cubra com a mistura de coalhada. Arrume as fatias de pepino por cima. Enrole cada tortilha, polvilhe com páprica e sirva.

PIZZAS E PÃES 67

panquecas e petiscos

Quer sejam feitas de massa ou de legumes, as panquecas podem ser clássicas ou criativas, assumindo o papel de prato principal com uma mistura eclética de coberturas e recheios tentadores para todos os gostos e humores. Aumente a variedade dos petiscos usando massas prontas, como a leve e crocante massa filo – que dá água na boca – ou a dourada massa folhada, para obter resultados maravilhosos em apenas alguns minutos.

pacotinhos de filo, pesto e mussarela

tempo de preparo **10 min**
tempo de cozimento **10 min**
tempo total **20 min**
rendimento **4 porções**

125 g de folhas de massa filo
50 g de manteiga derretida
3 colheres (sopa) de *pesto* de tomate seco
(ver p. 65)
250 g de mussarela de búfala, escorrida e cortada
em fatias
50 g de queijo parmesão, ralado
sal e pimenta-do-reino
salada de folhas, para acompanhar

um Corte a massa filo em 16 quadrados de 15
cm. Coloque 8 quadrados sobre a bancada de
trabalho e pincele com um pouco da manteiga
derretida. Cubra cada um com outro quadrado.
dois Coloque um pouquinho do *pesto* no
centro dos quadrados e espalhe um pouco.
Coloque a mussarela e o parmesão sobre o
pesto. Tempere levemente com sal e pimenta-
do-reino.
três Dobre dois lados opostos da massa sobre
o recheio para cobri-lo todo. Pincele levemente
com manteiga e então dobre as duas
extremidades abertas para fazer um pacote.
Coloque numa assadeira com as pontas para
cima.
quatro Pincele com o restante da manteiga
(derreta mais, se for necessário) e asse em
forno preaquecido a 200°C por cerca de 10
minutos até dourar. Sirva quente com uma
salada de folhas.

folhados de camembert e echalotas

tempo de preparo **10 min**
tempo de cozimento **20 min**
tempo total **30 min**
rendimento **4 porções**

50 g de manteiga
8 echalotas grandes, cada uma cortada
em 4 meias-luas (se não encontrar,
use a parte branca da cebolinha)
1 colher (sopa) de tomilho-limão picado
(se não encontrar, use tomilho comum e
um pouco de raspas de limão)
350 g de massa folhada
125 g de queijo *camembert*, cortado em fatias
sal e pimenta-do-reino

um Unte levemente uma assadeira e borrife
com água. Derreta a manteiga numa frigideira,
junte a echalota e refogue em fogo baixo por 5
minutos ou até amolecerem. Junte o tomilho.
dois Abra a massa numa superfície levemente
enfarinhada até formar um quadrado de 20 cm e
corte em 4 quadrados. Transfira para a assadeira
untada. Com a ponta de uma faca afiada, faça
um corte ao longo de cada um dos lados dos
quadradinhos, criando uma "moldura" a 1 cm da
borda.
três Com o auxílio de uma colher, coloque a
echalota e o tomilho no centro dos
quadradinhos. Asse em forno preaquecido a
220°C por 10 minutos ou até crescer bem.
Disponha o queijo sobre a echalota e volte ao
forno por mais 5 minutos. Sirva quente.

PANQUECAS E PETISCOS **71**

panquecas de abobrinha
com queijo emmenthal e pimentão

tempo de preparo **10 min**
tempo de cozimento **20 min**
tempo total **30 min**
rendimento **6 porções**

325 g de abobrinha
175 g de farinha de trigo
3 ovos
75 g de manteiga derretida
125 ml de leite
1 colher (sopa) de tomilho picado
6 colheres (sopa) de azeite de oliva
300 g de berinjela, cortada em pedacinhos
2 cebolas roxas pequenas, cortadas em rodelas
2 pimentões vermelhos, sem sementes, cortados
    em rodelas
400 g de tomate pelado picado
2 colheres (sopa) de vinagre balsâmico
óleo para fritar
300 g de queijo *emmenthal*,
    cortado em fatias fininhas
sal e pimenta-do-reino

Essas minipanquecas crocantes, cobertas de queijo derretido e uma espécie de *ratatouille*, são uma entrada muito gostosa. Se preferir, aumente o tamanho das panquecas e sirva como prato principal acompanhado de uma salada.

um Rale a abobrinha. Numa tigela grande, bata a farinha com os ovos, a manteiga, o leite e o tomilho até obter uma massa lisa. Acrescente a abobrinha ralada e tempere com sal e pimenta-do-reino.

dois Aqueça o azeite numa frigideira grande de fundo grosso. Acrescente a berinjela e a cebola, e refogue por cerca de 5 minutos até dourar. Junte o pimentão e continue a refogar rapidamente por cerca de 3 minutos até os legumes ficarem levemente corados. Acrescente o tomate, o vinagre, sal e pimenta-do-reino. Abaixe o fogo e cozinhe, sem tampa, por 10 minutos, enquanto prepara as panquecas.

três Aqueça um pouco de óleo numa frigideira grande. Despeje uma colher de sopa da massa da panqueca num dos lados da frigideira e espalhe até obter um círculo de 10 cm. Coloque quantas colheradas de massa couberem na frigideira e frite por cerca de 2 minutos até a parte de baixo dourar. Vire as panquecas e frite por mais 2 minutos. Escorra em papel-toalha e transfira para uma assadeira. Faça o restante das panquecas (a massa deve render 12 ao todo).

quatro Disponha as fatias de queijo sobre as panquecas e asse sob um grelhador preaquecido em fogo alto até o queijo derreter. Arrume 2 panquecas em cada prato. Cubra com o molho de pimentão e sirva quente.

tortinhas de tomate-cereja com crème fraîche

tempo de preparo **10 min**
tempo de cozimento **18 min**
tempo total **28 min**
rendimento **4 porções**

2 colheres (sopa) de azeite de oliva extravirgem
1 cebola bem picada
375 g de tomate-cereja
2 dentes de alho, amassados
3 colheres (sopa) de pasta de tomate seco
325 g de massa folhada
ovo batido, para pincelar
150 g de *crème fraîche*
2 colheres (sopa) de *pesto* (ver p. 8)
sal e pimenta-do-reino
folhas de manjericão, para decorar

um Unte levemente uma assadeira grande e borrife com água. Aqueça o azeite numa frigideira, junte a cebola e refogue por 3 minutos ou até murchar. Corte ao meio cerca de 150 g de tomate. Retire a panela do fogo, junte o alho e a pasta de tomate seco, depois acrescente todos os tomates e misture até ficarem ligeiramente cobertos pelo molho.

dois Abra a massa numa superfície levemente enfarinhada e corte 4 círculos de 12 cm com um cortador ou use uma tigelinha como guia. Transfira para a assadeira preparada e, com a ponta de uma faca afiada, faça uma incisão a 1 cm da borda de cada círculo para formar uma "moldura". Pincele as bordas com ovo batido. Coloque a mistura de tomate no centro das tortinhas, tomando cuidado para que fique dentro da "moldura".

três Asse as tortinhas em forno preaquecido a 220°C por cerca de 15 minutos, ou até a massa crescer e dourar.

quatro Enquanto isso, numa tigela, misture delicadamente o *crème fraîche*, o *pesto*, sal e pimenta-do-reino só até o *crème fraîche* ficar com listras do *pesto*.

cinco Quando estiverem assadas, transfira as tortinhas para os pratos de servir e cubra com a mistura de *crème fraîche* e *pesto*. Sirva com algumas folhas de manjericão salpicadas por cima.

PANQUECAS E PETISCOS **73**

panqueca de ervilha e hortelã com mussarela, tomate e manjericão

tempo de preparo **10 min**
tempo de cozimento **16 min**
tempo total **26 min**
rendimento **4 porções**

500 g de batata
250 g de ervilha
3 colheres (sopa) de hortelã picada
1 ovo ligeiramente batido
300 g de mussarela, em fatias
6 tomates italianos, cortados em fatias
6 colheres (sopa) de azeite de oliva extravirgem
1 colher (sopa) de vinagre balsâmico
um punhadinho de folhas de manjericão, picadas
50 g de manteiga
sal e pimenta-do-reino

um Corte a batata em pedaços e cozinhe em água fervente com um pouco de sal por cerca de 8 minutos até ficar macia, porém firme.

dois Enquanto isso, cozinhe a ervilha em outra panela por 2 minutos. Escorra, coloque-a numa tigela e amasse com um garfo até os grãos se desfazerem. Rale a batata grosseiramente e adicione à tigela com a hortelã, o ovo batido, sal e pimenta-do-reino. Misture bem.

três Alterne fatias de queijo e tomate, sobrepondo-as num refratário raso, e tempere levemente com sal e pimenta-do-reino. Misture 5 colheres de sopa do azeite com o vinagre e o manjericão para fazer o molho.

quatro Derreta a manteiga com o restante do azeite numa frigideira de fundo grosso. Adicione a mistura de batata com ervilha e aperte levemente para formar uma camada uniforme. Frite sobre fogo médio por cerca de 5 minutos até que a parte inferior esteja crocante e dourada ao levantar a borda com uma espátula.

cinco Para virar a panqueca, inverta-a sobre um prato raso, deslize de volta para dentro da frigideira e frite por mais 3 minutos. Enquanto estiver fritando, grelhe o queijo e os tomates sob um grelhador preaquecido a fogo alto até o queijo começar a derreter.

seis Corte a panqueca em fatias e transfira para os pratos individuais. Coloque o queijo com tomate por cima e regue com o molho.

PANQUECAS E PETISCOS **75**

trouxinhas de tofu, canela e mel

tempo de preparo **15 min**
tempo de cozimento **15 min**
tempo total **30 min**
rendimento **4 porções**

50 g de manteiga
2 cebolas picadas
50 g de amêndoas em lascas,
   picadas grosseiramente
1 colher (sopa) de mel de flor de laranjeira
   (ou outro de sabor suave)
1 colher (chá) de canela em pó
200 g de tofu, escorrido e
   cortado em cubinhos
150 g de massa filo
sal e pimenta-do-reino

um Derreta metade da manteiga numa
frigideira, junte a cebola e refogue por 3
minutos até murchar. Junte as amêndoas e
frite por 2 minutos até dourarem. Acrescente o
mel, a canela e o tofu, e tempere a gosto com
sal e pimenta-do-reino.
dois Derreta o restante da manteiga numa
panela pequena. Corte a massa filo em 16
quadrados de 18 cm. Coloque 8 quadrados
sobre a bancada de trabalho e pincele com um
pouco da manteiga derretida. Cubra cada um
com outro quadrado colocado na diagonal para
formar uma estrela. Coloque a mistura de tofu
no centro dos quadrados.
três Pincele as bordas da massa com um pouco
de manteiga. Junte as pontas sobre o recheio e
aperte para formar trouxinhas. Repita com o
restante das estrelas. Transfira para uma
assadeira e pincele com o restante da manteiga.
quatro Asse em forno preaquecido a 200°C
por cerca de 10 minutos até as trouxinhas
dourarem. Sirva quente.

Esses bolinhos de grão-de-bico,
tradicionalmente redondos e fritos,
constituem um delicioso jantar vegetariano
quando servidos apenas com uma salada
grega fresca.

bolinhos de falafel

tempo de preparo **10 min**
tempo de cozimento **10 min**
tempo total **20 min**
rendimento **4 porções**

400 g de grão-de-bico em lata, lavado e escorrido
   (ou a mesma quantidade de grão-de-bico
   cozido, sem o caldo)
1 cebola, picada grosseiramente
3 dentes de alho, picados grosseiramente
2 colheres (chá) de sementes de cominho
1 colher (chá) de páprica doce
2 colheres (sopa) de hortelã picada
3 colheres (sopa) de coentro picado
50 g de farinha de rosca
óleo para fritar
sal e pimenta-do-reino

um Coloque o grão-de-bico num processador
de alimentos ou liquidificador com a cebola, o
alho, os condimentos, as ervas, a farinha de
rosca e um pouco de sal e pimenta-do-reino.
Bata até obter uma pasta pedaçuda.
dois Com uma colher de sobremesa, pegue
porções da mistura e amasse para formar
bolinhos. Aqueça 1 cm de óleo numa frigideira
e frite metade dos bolinhos por 3 minutos,
virando uma vez, até ficarem crocantes e
dourados. Escorra em papel-toalha e mantenha
quente enquanto frita o resto.

76 PANQUECAS E PETISCOS

PANQUECAS E PETISCOS **77**

bolinhos de erva-cidreira e tofu com molho picante

tempo de preparo **10 min**
tempo de cozimento **10 min**
tempo total **20 min**
rendimento **4 porções**

1 maço de cebolinha
um pedaço de gengibre fresco de 5 cm,
    descascado e picado
2 talos de erva-cidreira, picados grosseiramente
um punhadinho de coentro
3 dentes de alho, picados grosseiramente
1 colher (sopa) de açúcar
1 colher (sopa) de molho de soja light
300 g de tofu, escorrido
75 g de farinha de rosca
1 ovo
óleo para fritar
sal e pimenta-do-reino

MOLHO
1 colher (sopa) de mel de flor de laranjeira (ou
    outro de sabor suave)
2 colheres (sopa) de molho de soja
1 pimenta dedo-de-moça, sem sementes, cortada
    em rodelas
2 colheres (sopa) de suco de laranja

um Corte 1 cebolinha em fatias fininhas e
reserve. Pique o restante grosseiramente e
coloque num processador de alimentos com o
gengibre, a erva-cidreira, o coentro e o alho.
Bata ligeiramente até tudo ficar misturado e
picado, mas ainda pedaçudo. Junte o açúcar, o
molho de soja, o tofu, a farinha de rosca, o ovo,
sal e pimenta-do-reino, e bata até misturar um
pouco.

dois Usando uma colher de sobremesa, pegue
um pouco da mistura e, com as mãos
levemente enfarinhadas, amasse para formar
bolinhos.

três Numa tigelinha de servir, misture os
ingredientes do molho, juntando a cebolinha
reservada.

quatro Aqueça o óleo numa frigideira grande
antiaderente. Frite metade dos bolinhos por 1 a
2 minutos de cada lado até dourarem. Escorra
em papel-toalha e mantenha quente enquanto
frita o resto. Sirva com o molho.

78 PANQUECAS E PETISCOS

panquecas de arroz com molho de gergelim e gengibre

tempo de preparo **15 min**
tempo de cozimento **5 min**
tempo total **20 min**
rendimento **4 porções**

MOLHO

1 dente de alho, picado grosseiramente
um pedaço de gengibre fresco de 5 cm,
    descascado e picado
3 colheres (sopa) de açúcar mascavo claro
4 colheres (chá) de molho de soja
5 colheres (chá) de vinagre de vinho ou
    de arroz
2 colheres (sopa) de extrato de tomate
2 colheres (sopa) de gergelim,
    e mais um pouco para decorar

PANQUECAS

8 folhas de papel de arroz
2 cenouras médias
100 g de broto de feijão ou *mix* de brotos
um punhadinho de hortelã,
    picada grosseiramente
1 talo de aipo, cortado em fatias finas
4 cebolinhas, cortadas em fatias finas na diagonal
1 colher (sopa) de molho de soja

um Coloque todos os ingredientes do molho, menos o gergelim, num processador de alimentos (use um pequeno, se tiver) ou liquidificador e bata até obter uma pasta fina. Ou então, amasse o alho, rale o gengibre e misture com o restante dos ingredientes. Junte o gergelim e transfira para uma tigelinha de servir.

dois Amoleça as folhas de papel de arroz na água, de acordo com as instruções na embalagem. Corte a cenoura em tiras finas e misture com o broto, a hortelã, o aipo, a cebolinha e o molho de soja.

três Divida a mistura e coloque uma parte em cada uma das 8 folhas. Dobre a parte inferior de cada folha até o meio, depois enrole de um lado para o outro para formar um rolinho.

quatro Cozinhe os rolinhos no vapor, em cuscuzeira ou panela a vapor de bambu, por cerca de 5 minutos ou até aquecerem bem. Ou então, coloque numa grelha sobre uma assadeira funda com água fervente e cubra com papel-alumínio. Sirva imediatamente com o molho, decorado com o gergelim.

PANQUECAS E PETISCOS **79**

As folhas de papel de arroz são *wraps* interessantes para uma infinidade de recheios tentadores – aqui uma versão vegetariana light. Servidas com um molho bem temperado, formam uma entrada surpreendente. Calcule dois rolinhos por pessoa, mas se houver muitos outros pratos, um provavelmente será suficiente.

couscous, polenta e grãos

Couscous, polenta, trigo para quibe e painço estão ganhando espaço na crescente variedade de produtos à base de cereais agora amplamente disponíveis. Cada um deles acrescenta seu próprio sabor e textura a pratos vegetarianos, seja usado como ingrediente principal ou como simples acompanhamento.

COUSCOUS, POLENTA E GRÃOS **83**

bolinhos de couscous com beterraba e crème fraîche

tempo de preparo **15 min**
tempo de cozimento **5 min**
tempo total **20 min**
rendimento **4 porções**

150 g de grãos de *couscous*
100 ml de Caldo de legumes quente (ver p. 7)
4 cebolinhas, cortadas em rodelas finas
2 dentes de alho, picados
3 colheres (sopa) de salsinha picada
75 g de *pinoli*, picado grosseiramente
50 g de amêndoas moídas
raspas bem finas de 1 limão-siciliano
1 ovo
óleo para fritar
4 beterrabas pequenas, cozidas e cortadas em
    meias-luas
sal e pimenta-do-reino
crème fraîche, para acompanhar
salsinha lisa, para decorar

MOLHO
4 colheres (sopa) de azeite de oliva extravirgem
1 colher (chá) de molho Tabasco
1 colher (sopa) de suco de limão-siciliano

um Coloque dois terços do *couscous* numa tigela, cubra com o caldo e deixe descansar 5 minutos. Enquanto isso, misture os ingredientes do molho numa tigelinha.

dois Quando o *couscous* tiver absorvido todo o caldo, afofe-o com um garfo e misture a cebolinha, o alho, a salsinha, o *pinoli*, as amêndoas, as raspas de limão e o ovo. Tempere com sal e pimenta-do-reino e misture bem até dar liga.

três Pegue colheres de chá cheias da mistura e forme bolinhas. Passe-as no restante do *couscous*, espalhado num prato. Molhe as mãos antes de fazer as bolinhas caso a misture comece a grudar.

quatro Aqueça 2,5 cm de óleo numa caçarola ou panela de fundo grosso. Adicione as bolinhas de *couscous*, metade de cada vez, e frite por cerca de 2 minutos até dourar. Escorra a primeira leva em papel-toalha enquanto frita o resto.

cinco Disponha as meias-luas de beterraba em pratos individuais e arrume os bolinhos ao lado. Por cima, ponha uma colherada de *crème fraîche*, decore com salsinha e sirva regado com o molho.

84 COUSCOUS, POLENTA E GRÃOS

couscous picante de vegetais

tempo de preparo **5 min**
tempo de cozimento **25 min**
tempo total **30 min**
rendimento **4 porções**

250 g de grãos de *couscous*
4 colheres (sopa) de azeite de oliva
1 cebola grande, picada
3 dentes de alho, amassados
um pedaço de gengibre fresco de 5 cm,
   descascado e ralado
½ colher (chá) de pimenta calabresa
2 colheres (chá) de páprica e de cominho em pó
1 colher (chá) de cúrcuma em pó
um pedaço de canela em pau, cortado ao meio
1 batata-doce média, cortada em cubinhos
425 g de grão-de-bico em lata, lavado (ou a
   mesma quantidade de grão-de-bico cozido, sem
   o caldo)
450 ml de Caldo de legumes (ver p. 7)
75 g de uvas-passas brancas ou pretas
sal e pimenta-do-reino
folhinhas de coentro, para decorar

um Coloque o *couscous* num refratário raso,
cubra com 300 ml de água fervente e tampe.
Coloque em forno preaquecido a 150°C ,
enquanto prepara os legumes.
dois Aqueça o azeite numa panela grande.
Junte a cebola, o alho, o gengibre e os
condimentos e refogue em fogo baixo,
mexendo por 5 minutos ou até dourar.
três Junte a batata-doce, o grão-de-bico, o
caldo e as passas. Tempere com sal e pimenta-
do-reino e deixe levantar fervura. Abaixe o fogo,
tampe a panela e cozinhe por cerca de 20
minutos até a batata ficar macia.
quatro Solte o *couscous* com um garfo e uma
colher e coloque em pratos individuais. Cubra
com os legumes e o molho e sirva com as
folhinhas de coentro salpicadas por cima.

Se você quiser acrescentar mais sabor à
polenta, junte um pouco de ervas picadas,
parmesão ralado ou um bom pedaço de
manteiga.

polenta mole com gruyère e molho de tomate

tempo de preparo **10 min**
tempo de cozimento **20 min**
tempo total **30 min**
rendimento **4 porções**

250 g de mistura para polenta instantânea
3 dentes de alho, picados
4 colheres (sopa) de azeite de oliva
1 cebola grande, picada
400 g de tomate pelado, picado
3 colheres (sopa) de pasta de tomate seco
2 colheres (chá) de açúcar mascavo claro
75 g de queijo *gruyère* ou cheddar, ralado
sal e pimenta-do-reino

um Ferva 1 litro de água numa panela grande
com 1 colher de chá de sal. Adicione a mistura
para polenta aos poucos, depois o alho, e
cozinhe, mexendo sempre, por 5 minutos ou
até a polenta ficar bem grossa. Vire num
refratário raso levemente untado.
dois Aqueça o azeite numa panela. Acrescente a
cebola e frite por 5 minutos. Junte o tomate, a
pasta de tomate seco e o açúcar à panela, e
tempere a gosto com sal e pimenta-do-reino.
Coloque a mistura sobre a polenta.
três Polvilhe com o queijo ralado e asse em
forno preaquecido a 200°C por 10 minutos ou
até dourar.

COUSCOUS, POLENTA E GRÃOS **85**

couscous verde com molho de frutas picante

tempo de preparo **10 min**
tempo de cozimento **15 min**
tempo total **25 min**
rendimento **4 porções**

250 g de grãos de *couscous*
500 ml de Caldo de legumes quente (ver p. 7)
75 g de pistache sem casca, sem sal,
    picado grosseiramente
2 cebolinhas, cortadas em rodelas finas
um punhadinho de salsinha, picada
425 g de feijão-branco em lata, lavado e escorrido
    (ou a mesma quantidade de feijão cozido, sem
    o caldo)
½ colher (chá) de pistilos de açafrão
1 colher (sopa) de bagas de cardamomo
2 colheres (chá) de coentro em grãos
½ colher (chá) de páprica picante
4 colheres (sopa) de amêndoas em lascas
75 g de damasco seco
sal e pimenta-do-reino

Para revelar sua espetacular cor verde-esmeralda, a melhor maneira de tirar a pele do pistache é imergi-lo em água fervente por 1 minuto e então esfregá-lo entre folhas de papel-toalha. Faça isso somente se tiver tempo, pois dá bastante trabalho.

um Coloque o *couscous* numa tigela. Acrescente 300 ml do caldo quente. Deixe descansar por 5 minutos até absorver todo o caldo, junte o pistache, a cebolinha, a salsinha e o feijão, e tempere a gosto com sal e pimenta-do-reino. Cubra a tigela e coloque em forno preaquecido a 150°C por 15 minutos.
dois Enquanto isso, coloque o açafrão numa xícara com 1 colher de sopa de água fervente e deixe descansar por 3 minutos. Quebre as bagas de cardamomo com o uso de um pilão, ou coloque-as numa tigelinha e quebre com a ponta de um rolo de macarrão. Separe as bagas e descarte-as; soque então ligeiramente as sementes.
três Transfira para um processador de alimentos ou liquidificador com os grãos de coentro, a páprica, as amêndoas e o damasco. Bata até ficar bem picado. Junte o açafrão e o líquido em que ficou de molho, o restante do caldo, sal e pimenta-do-reino, e bata até obter uma pasta grossa. Transfira para uma panela pequena e aqueça bem por 1 minuto. Sirva com o *couscous*.

86 COUSCOUS, POLENTA E GRÃOS

Uma abundância de ervas é responsável pelo maravilhoso sabor desta salada. Se ameixa não for sua fruta seca preferida, substitua por qualquer outra – damasco, passas brancas ou pretas. Figos e tâmaras também são uma boa opção.

COUSCOUS, POLENTA E GRÃOS **87**

tabule de ameixa com pistache

tempo de preparo **10 min**, mais o tempo de molho
tempo total **25 min**
rendimento **4 porções**

150 g de trigo para quibe
75 g de pistache sem casca, sem sal
1 cebola roxa pequena, bem picada
3 dentes de alho, amassados
25 g de salsinha, picada
15 g de hortelã, picada
raspas e suco de 1 limão-siciliano ou limão Taiti
150 g de ameixa-preta seca,
	cortada em fatias
4 colheres (sopa) de azeite de oliva
sal e pimenta-do-reino

um Coloque o trigo para quibe numa tigela, cubra com bastante água fervente e deixe descansar por 15 minutos.
dois Enquanto isso, coloque o pistache em outra tigela e cubra com água fervente. Deixe descansar por 1 minuto e escorra. Esfregue-o entre várias folhas de papel-toalha para retirar a maior parte das peles; retire o restante com os dedos.
três Numa tigela, misture o pistache com a cebola, o alho, a salsinha, a hortelã, as raspas e suco do limão e a ameixa.
quatro Escorra bem o trigo numa peneira, apertando com uma colher para extrair o máximo de água possível. Junte aos outros ingredientes com o azeite e misture. Tempere a gosto com sal e pimenta-do-reino e leve à geladeira até a hora de servir.

salsichas de cogumelo, couscous e ervas

tempo de preparo **15 min**
tempo de cozimento **10 min**
tempo total **25 min**
rendimento **4 porções**

75 g de grãos de *couscous*
3 colheres (sopa) de azeite de oliva
1 cebola picada
250 g de cogumelos Portobello,
	picados grosseiramente
1 pimenta dedo-de-moça, sem sementes,
	cortada em rodelas
3 dentes de alho, picados grosseiramente
um punhadinho de ervas mistas,
	como tomilho, alecrim, salsinha
200 g de castanha-portuguesa, cozida
75 g de farinha de rosca
1 gema
óleo para fritar
sal e pimenta-do-reino

um Coloque o *couscous* numa tigela, junte 75 ml de água fervente e deixe descansar por 5 minutos.
dois Enquanto isso, aqueça o azeite numa frigideira, junte a cebola, os cogumelos e a pimenta, e refogue rapidamente por cerca de 5 minutos até os cogumelos secarem e dourarem.
três Transfira para um processador de alimentos ou liquidificador com o alho, as ervas, a castanha, e bata até ficar tudo bem picado. Despeje numa tigela e acrescente o *couscous*, a farinha de rosca, a gema, sal e pimenta-do-reino.
quatro Com as mãos levemente enfarinhadas, faça 12 salsichas com essa mistura. Aqueça o óleo e frite as salsichas por 5 minutos, virando sempre.

88 COUSCOUS, POLENTA E GRÃOS

O painço é um grão pequeno e dourado que parece um pouco com o *couscous* e é uma alternativa perfeita para o arroz. Acrescente um pouco de lentilha em lata, escorrida, e uma colherada de pasta de Harissa* para transformar esta receita em um prato principal.

painço condimentado

tempo de preparo **5 min**
tempo de cozimento **25 min**
tempo total **30 min**
rendimento **4 porções**

50 g de manteiga
1 cebola picada
2 dentes de alho, amassados
1 colher (sopa) de bagas de cardamomo, ligeiramente quebradas
2 colheres (chá) de cravos inteiros
um pedaço de canela em pau, cortado ao meio
200 g de painço
600 ml de Caldo de legumes (ver p. 7)
4 colheres (sopa) de salsinha picada
sal e pimenta-do-reino

um Derreta a manteiga numa panela de fundo grosso. Acrescente a cebola e refogue ligeiramente por 3 minutos. Junte o alho, as bagas de cardamomo, o cravo, a canela e o painço. Tempere a gosto com sal e pimenta-do-reino e refogue por 2 minutos.
dois Junte o caldo e a salsinha e deixe levantar fervura. Abaixe o fogo e cozinhe, sem tampa, por cerca de 20 minutos até o painço ficar macio e absorver todo o caldo. Separe os grãos do painço com um garfo algumas vezes durante o cozimento. Sirva quente.

---

*N.R.: pasta de pimenta vermelha e condimentos, típica da culinária do norte da África. Procure em casas de produtos importados.

polenta frita com cogumelos e açafrão

tempo de preparo **10 min**
tempo de cozimento **20 min**
tempo total **30 min**
rendimento **4 porções**

1 colher (chá) de pistilos de açafrão
500 g de polenta pronta
1 colher (sopa) de farinha de trigo
2 colheres (chá) de páprica picante
óleo para fritar
25 g de manteiga
1 cebola picada
2 dentes de alho, amassados
400 g de cogumelos mistos, cortados ao meio, se forem grandes
250 g de queijo mascarpone
2 colheres (sopa) de estragão picado
raspas e suco de ½ limão-siciliano
sal e pimenta-do-reino

um Coloque o açafrão numa vasilha com 1 colher de sopa de água fervente e deixe descansar.
dois Corte a polenta em fatias de 1 cm e depois as fatias em palitos de 1 cm. Misture a farinha, a páprica, sal e pimenta-do-reino e passe os palitos nessa mistura.
três Aqueça 1 cm de óleo numa frigideira e frite os palitos, metade de cada vez, por cerca de 10 minutos até dourarem. Escorra em papel-toalha e mantenha-os quentes.
quatro Enquanto isso, derreta a manteiga em outra frigideira, junte a cebola e o alho e refogue por 5 minutos. Junte os cogumelos e refogue por mais 2 minutos. Acrescente o mascarpone, o estragão, as raspas e o suco do limão, o açafrão e o líquido em que ficou de molho, e tempere com sal e pimenta-do-reino. Mexa até o mascarpone derreter e formar um molho. Sirva com a polenta frita.

COUSCOUS, POLENTA E GRÃOS 89

A não ser que você tenha tempo de fazer a própria polenta, use um pacote de polenta pronta para preparar este prato. Passada na páprica e frita, a polenta é um substituto muito bem-vindo à tradicional batata frita.

saladas

A criatividade é essencial no quesito salada: a composição de vários ingredientes complementares cuidadosamente selecionados cria uma festa de cor, sabor e textura. Algumas das saladas apresentadas são substanciais o bastante para servirem de prato principal, enquanto outras são atraentes entradas ou acompanhamentos criativos.

salada de cenoura em fitas

tempo de preparo **10 min**, mais o tempo de molho
tempo total **25–30 min**
rendimento **4 porções**

4 cenouras médias
2 talos de aipo
1 maço de cebolinha
4 colheres (sopa) de azeite de oliva suave
2 colheres (sopa) de suco de limão Taiti
2 colheres (chá) de açúcar
¼ de colher (chá) de pimenta seca socada
2 colheres (sopa) de hortelã picada
50 g de amendoim salgado
sal e pimenta-do-reino

um Encha uma vasilha com água bem fria até a metade, acrescentando cubos de gelo, se necessário.

dois Escove a cenoura e, com um descascador de batatas, tire tantas fitas longas quanto conseguir. Coloque as fitas na água. Corte o aipo em pedaços de 5 cm e depois cada pedaço em tiras bem finas. Corte a cebolinha em pedaços de 5 cm e rasgue-os no sentido do comprimento. Junte o aipo e a cebolinha à água e deixe de molho por 15 a 20 minutos até os legumes enrolarem.

três Numa tigelinha, misture o azeite, o suco de limão, o açúcar, a pimenta e a hortelã, e tempere a gosto com sal e pimenta-do-reino.

quatro Escorra bem os legumes e misture numa saladeira com o molho, o amendoim, sal e pimenta-do-reino. Sirva a salada imediatamente.

salada de batata-doce, rúcula e queijo Haloumi

tempo de preparo **10 min**
tempo de cozimento **15 min**
tempo total **25 min**
rendimento **4 porções**

500 g de batata-doce, em rodelas
3 colheres (sopa) de azeite de oliva
250 g de queijo Haloumi
    (se não encontrar, use queijo coalho)
75 g de rúcula

MOLHO
5 colheres (sopa) de azeite de oliva
3 colheres (sopa) de mel de flor de laranjeira
    (ou outro de sabor suave)
2 colheres (sopa) de suco de limão Taiti ou limão-siciliano
1½ colher (chá) de sementes de cebola preta
1 pimenta dedo-de-moça, sem sementes, cortada em rodelas
2 colheres (chá) de tomilho-limão, picado
    (se não encontrar, use tomilho comum e um pouco de raspas de limão)
sal e pimenta-do-reino

um Misture todos os ingredientes do molho numa tigelinha.

dois Cozinhe a batata-doce em água fervente com um pouco de sal por 2 minutos. Escorra bem. Aqueça o azeite numa frigideira grande, junte a batata-doce e frite por 10 minutos, virando uma vez, até dourar.

três Enquanto isso, corte o queijo em fatias fininhas e coloque numa grelha forrada com papel-alumínio levemente untado. Asse sob um grelhador preaquecido em temperatura média por cerca de 3 minutos até dourar.

quatro Coloque a batata-doce, o queijo e a rúcula em pratos individuais e regue com o molho.

SALADAS 93

Esta combinação de um queijo salgado e firme com a batata-doce e um molho cítrico picante e adocicado é absolutamente deliciosa. A quantidade rende 4 porções como um almoço leve ou jantar, ou 6 porções como entrada.

salada de miniberinjelas grelhadas e tomate-cereja

tempo de preparo **10 min**
tempo de cozimento **10 min**
tempo total **20 min**
rendimento **4 porções**

275 g de miniberinjela
4 colheres (sopa) de azeite de oliva
1 colher (sopa) de suco de limão-siciliano
2 colheres (sopa) de cerefólio ou salsinha, picado grosseiramente
250 g de tomate-cereja, cortado ao meio
1 colher (chá) de açúcar
2 dentes de alho, amassados
200 g de ricota
50 g de rúcula
4 colheres (chá) de vinagre balsâmico
sal e pimenta-do-reino

Sirva esta salada como entrada para 4 pessoas ou como uma refeição mais substancial para 2. Embora muito atraentes, as miniberinjelas não são fáceis de encontrar; se você não achar, use uma berinjela grande, cortada em fatias grossas.

um Parta as miniberinjelas ao meio e faça cortes transversais na superfície cortada para obter um efeito decorativo. Coloque-as, com a parte cortada para cima, numa grelha forrada com papel-alumínio e regue com 1 colher de sopa do azeite, o suco de limão, sal e pimenta-do-reino. Asse sob um grelhador preaquecido em temperatura alta por 8 a 10 minutos, virando uma vez, até as fatias ficarem macias e douradas; salpique com o cerefólio.
dois Enquanto isso, coloque o tomate numa frigideira com outra colher de sopa de azeite e polvilhe com o açúcar, o alho, sal e pimenta-do-reino. Frite rapidamente por 1 a 2 minutos até murchar, mas sem desmanchar.
três Disponha as berinjelas em pratos individuais aquecidos, cubra com a ricota, o tomate e, por último, a rúcula. Junte o vinagre balsâmico, o restante do azeite, sal e pimenta-do-reino e qualquer líquido restante do papel-alumínio em uma frigideira e aqueça bem por 30 segundos. Despeje sobre a salada na hora de servir.

SALADAS **95**

rolinhos de tofu à moda tailandesa

tempo de preparo **10 min**
tempo total **10 min**
rendimento **4 porções**

1 alface-americana pequena
275 g de tofu, cortado em cubinhos
100 g de ervilha-torta, cortada no sentido do
comprimento
2 colheres (sopa) de óleo de gergelim
2 colheres (sopa) de molho de soja light
2 colheres (sopa) de suco de limão Taiti
1 colher (sopa) de açúcar mascavo
1 pimenta tailandesa, sem sementes, cortada em
rodelas (se não encontrar, use pimenta-
malagueta)
1 dente de alho, amassado
pimenta-do-reino

um Separe 8 folhas de alface. Encha uma tigela
grande com água fervente. Mergulhe as folhas e
deixe por 10 segundos. Enxágue em água fria e
escorra bem.
dois Pique bem fino o restante da alface e
misture numa tigela com o tofu e a ervilha-torta.
três Misture o óleo de gergelim, o molho de soja,
o suco de limão, o açúcar, a pimenta tailandesa, o
alho e a pimenta-do-reino, e junte à mistura do
tofu. Misture delicadamente com a ajuda de 2
colheres.
quatro Coloque um pouco da mistura no centro
de cada folha de alface escaldada e enrole. Deixe
na geladeira até a hora de servir.

salada de beterraba com molho de coentro e tomate

tempo de preparo **10 min**
tempo total **10 min**
rendimento **4 porções**

8 beterrabas médias cozidas, cortadas em rodelas
2 colheres (sopa) de vinagre de vinho tinto
1 colher (chá) de açúcar
2 colheres (sopa) de azeite de oliva suave
sal e pimenta-do-reino
crème fraîche, para acompanhar
raminhos de coentro, para decorar

MOLHO
1 cebola roxa, bem picada
425 g de tomate pequeno bem maduro, sem
sementes, picado
2 dentes de alho, amassados
15 g de coentro, picado

um Numa tigela, misture a beterraba com o
vinagre, o açúcar, o azeite, sal e pimenta-do-
reino.
dois Misture os ingredientes do molho em
outra tigela. Tempere levemente com sal e
pimenta-do-reino.
três Disponha cerca de dois terços das rodelas
de beterraba em 4 pratos individuais. Coloque o
molho sobre a beterraba e acrescente as outras
rodelas. Por cima, coloque colheradas de
crème fraîche e regue com o caldo que restar
na tigela da beterraba. Sirva decorado com
raminhos de coentro.

SALADAS **97**

salada picante de laranja e abacate

tempo de preparo **10 min**
tempo total **10 min**
rendimento **4 porções**

4 laranjas grandes bem suculentas
2 abacates maduros pequenos, sem caroço e sem
    casca
2 colheres (chá) de bagas de cardamomo
3 colheres (sopa) de azeite de oliva suave
1 colher (sopa) de mel de flor de laranjeira
    (ou outro de sabor suave)
uma boa pitada de pimenta-da-jamaica em pó
2 colheres (chá) de suco de limão-siciliano
sal e pimenta-do-reino
raminhos de agrião, para decorar

um Tire a casca e a membrana branca das
laranjas. Trabalhe em cima de uma tigela ao
cortar entre as membranas e extrair os gomos;
reserve o suco que escorrer.
dois Corte o abacate em fatias e misture
delicadamente com os gomos das laranjas.
Coloque em pratos de servir.
três Reserve algumas bagas inteiras de
cardamomo para decorar. Soque as bagas
restantes com um pilão para extrair as
sementes, ou coloque numa tigela pequena e
quebre com a ponta de um rolo de macarrão.
Descarte as cascas. Misture as sementes com
o azeite, o mel, a pimenta-da-jamaica, o suco
de limão, sal e pimenta-do-reino, e o suco de
laranja reservado.
quatro Decore as saladas com os raminhos de
agrião e sirva regadas com o molho.

Esta refrescante salada de verão pode ser
transformada em prato principal com a adição
de cubinhos de tofu defumado ou de queijo
de cabra. Sirva com pão de grãos.

salada de ervas com gengibre e uva

tempo de preparo **5 min**
tempo total **5 min**
rendimento **4 porções**

1 bulbo pequeno de erva-doce, bem picadinho
250 g de uva verde sem sementes,
    cortada ao meio
2 pedaços de gengibre em conserva, bem picados
2 colheres (sopa) da calda do gengibre
4 colheres (sopa) de suco de uva ou de maçã
2 colheres (sopa) de azeite de oliva
150 g de ervas mistas ou salada de folhas
50 g de castanha-de-caju sem sal ou nozes
    (opcional)
sal e pimenta-do-reino

um Numa tigela média, misture a erva-doce, a
uva, o gengibre e a calda, o suco de fruta e o
azeite, e tempere a gosto com sal e pimenta-
do-reino.
dois Coloque as ervas numa tigela para servir e
junte a castanha-de-caju, se for usar. Adicione o
restante dos ingredientes e misture levemente
antes de servir.

98 SALADAS

salada de batata e vagem

tempo de preparo **10 min**
tempo de cozimento **15 min**
tempo total **25 min**
rendimento **4 porções**

875 g de batata nova, escovada
150 g de vagem, cortada ao meio
6 colheres (sopa) de azeite de oliva extravirgem
4 colheres (chá) de suco de limão-siciliano
2 colheres (chá) de pimenta rosa
1 colher (chá) de açúcar
4 colheres (sopa) de cebolinha-francesa picada
4 ovos
sal e pimenta-do-reino
agrião ou azedinha, para acompanhar

um Cozinhe a batata em bastante água fervente com um pouco de sal por cerca de 15 minutos ou até ficar macia.

dois Enquanto isso, cozinhe a vagem numa outra panela com água fervente por 2 a 3 minutos até ficar macia. Escorra e passe na água fria.

três Numa tigela, misture o azeite, o suco de limão, a pimenta, o açúcar, a cebolinha-francesa, sal e pimenta-do-reino.

quatro Coloque os ovos numa panela pequena com água fervente e cozinhe por 4 minutos. (Deixe os ovos cozinharem por mais 3 minutos se você preferir ovos bem firmes.) Escorra.

cinco Escorra a batata e coloque numa tigela com água para esfriar. Escorra. Descasque os ovos e corte em quatro.

seis Misture a batata, a vagem e os ovos com o molho. Coloque a salada sobre uma cama de agrião em pratos individuais.

panzanella

tempo de preparo **15 min**
tempo de cozimento **10 min**
tempo total **25 min**
rendimento **4 porções**

3 pimentões vermelhos, sem semente, cortados em quatro
375 g de tomate italiano maduro, sem pele
6 colheres (sopa) de azeite de oliva extravirgem
3 colheres (sopa) de vinagre de vinho tinto
2 dentes de alho, amassados
125 g de *ciabatta* amanhecida
50 g de azeitona preta, sem caroço
um punhadinho de folhas de manjericão, picadas
sal e pimenta-do-reino

um Coloque o pimentão, com o lado da pele para cima, sobre uma grelha forrada de papel-alumínio sob um grelhador preaquecido a uma temperatura moderada por 10 minutos ou até a pele ficar escura.

dois Enquanto isso, corte os tomates em quatro, retire a polpa e coloque-a numa peneira sobre uma tigela. Reserve os tomates cortados. Aperte a polpa com as costas de uma colher para extrair o máximo de líquido possível.

três Misture o azeite, o vinagre, o alho, sal e pimenta-do-reino com o líquido do tomate, batendo.

quatro Quando o pimentão esfriar, tire a pele e a descarte. Corte grosseiramente o pimentão em fatias e coloque numa tigela com os tomates. Quebre o pão em pedaços pequenos e acrescente à tigela com a azeitona e o manjericão.

cinco Adicione o molho e misture na hora de servir.

SALADAS **99**

Nesta salada italiana clássica, os pedaços de *ciabatta* são misturados aos outros ingredientes para absorver o delicioso sabor do tempero de tomate com alho. É melhor usar a *ciabatta* amanhecida para não desmanchar. Ou então, use pão fresco ligeiramente tostado. A receita rende 4 porções como entrada ou 2 porções como prato principal.

outros pratos vegetarianos

A culinária vegetariana se beneficia de uma variedade incrível de verduras e legumes exóticos, sazonais e comuns que agora são fáceis de encontrar, além das diferentes maneiras de preparo. Aqui, ervas frescas, condimentos aromáticos e outros temperos sutis são usados para realçar o sabor dos ingredientes e criar deliciosos pratos principais, lanches e acompanhamentos.

102 OUTROS PRATOS VEGETARIANOS

cogumelo sobre brioche

tempo de preparo **5 min**
tempo de cozimento **7 min**
tempo total **12 min**
rendimento **2 porções**

4 colheres (chá) de *chutney* de manga
um pedaço de gengibre fresco de 1,5 cm,
  descascado e ralado
2 colheres (sopa) de molho inglês
1 colher (sopa) de molho de mostarda em grãos
  (*à la Ancienne*)
2 colheres (chá) de páprica
5 colheres (sopa) de suco de laranja
2 brioches individuais ou 2 fatias de um brioche
  grande
25 g de manteiga
1 colher (sopa) de óleo
3 echalotas, cortadas em fatias fininhas (se não
  encontrar, use a parte branca da cebolinha)
250 g de cogumelos Portobello, cortados ao meio
2 colheres (sopa) de creme de leite azedo (se não
  encontrar, use creme de leite em lata ou fresco
  com algumas gotinhas de limão – misture e deixe
  engrossar antes de usar)

um Pique os pedaços maiores de manga e misture
o *chutney* com o gengibre, o molho inglês, a
mostarda, a páprica e o suco de laranja.
dois Se for usar os brioches individuais, corte-os
em fatias grossas. Toste os brioches e mantenha-
os quente.
três Derreta a manteiga numa frigideira com o
óleo. Junte a echalota e refogue em fogo baixo
por 3 minutos até murchar. Adicione os
cogumelos e refogue rapidamente por cerca de 3
minutos, mexendo sempre, até dourarem.
quatro Acrescente a mistura de *chutney* à
frigideira e aqueça por 1 minuto, em seguida junte
o creme de leite azedo. Coloque sobre os brioches
tostados e sirva quente.

rémoulade de aipo-rábano e batata com aspargo

tempo de preparo **10 min**
tempo de cozimento **7 min**
tempo total **17 min**
rendimento **4 porções**

500 g de aipo-rábano, descascado
375 g de batata, descascada
1 colher (sopa) de azeite de oliva extravirgem,
  mais um pouco para regar (opcional)
500 g de aspargo, sem a ponta dura do caule

MOLHO
150 ml de maionese
150 ml de coalhada seca
1 colher (chá) de mostarda Dijon
6 pepinos em conserva, bem picados
2 colheres (sopa) de alcaparras, picadas
2 colheres (sopa) de estragão picado
sal e pimenta-do-reino

um Corte o aipo-rábano e a batata à juliana, mas
mantenha os dois separados. Cozinhe o aipo-
rábano em água fervente com um pouco de sal
por 2 minutos até ficar macio. Junte a batata e
cozinhe mais 2 minutos até ficar macia, sem
desmanchar. Escorra e passe em água corrente.
dois Enquanto isso, misture os ingredientes para
o molho e reserve.
três Aqueça o azeite numa frigideira ou chapa.
Adicione o aspargo e refogue por 2 a 3 minutos
até começar a dourar.
quatro Misture o aipo-rábano e a batata com o
molho e coloque em 4 pratos individuais. Por
cima, coloque os aspargos.
cinco Sirva imediatamente, regado com um
pouco de azeite de oliva, se quiser.

OUTROS PRATOS VEGETARIANOS **103**

Para tornar este prato de verão mais substancial, prepare alguns ovos *poché* e disponha-os sobre os aspargos.

104 OUTROS PRATOS VEGETARIANOS

espinafre com pinoli e uva-passa

tempo de preparo **5 min**
tempo de cozimento **2 min**
tempo total **7 min**
rendimento **4 porções**

50 g de uvas-passas graúdas
3 colheres (sopa) de azeite de oliva
40 g de *pinoli*
2 dentes de alho, amassados
625 g de folhas novas de espinafre
raspas de 1 limão-siciliano
sal e pimenta-do-reino

um Coloque as uvas-passas numa vasilha pequena, cubra com água fervente e deixe descansar por 5 minutos.

dois Enquanto isso, aqueça o azeite numa frigideira grande ou caçarola e frite o *pinoli* até começar a dourar. Junte o alho.

três Escorra bem as uvas-passas e junte à panela com o espinafre. Cozinhe por 1 minuto, misturando os ingredientes até o espinafre murchar. Junte as raspas de limão, tempere a gosto com sal e pimenta-do-reino e sirva imediatamente.

Esta refrescante combinação de sabores é um bom acompanhamento para pizza, macarrão ou pratos à base de feijão. Sirva também como uma entrada leve para abrir o apetite.

abobrinha frita com coalhada seca de hortelã

tempo de preparo **10 min**
tempo de cozimento **10 min**
tempo total **20 min**
rendimento **4 porções**

3 abobrinhas médias
1 cebola pequena, cortada em fatias bem fininhas
1 ovo
½ colher (chá) de pasta de curry de ardência
  média
100 g de farinha de trigo
bastante óleo, para fritar

COALHADA SECA DE HORTELÃ
7 colheres (sopa) de coalhada seca
2 colheres (sopa) de hortelã picada

um Rale grosseiramente a abobrinha e misture, numa tigela, com a cebola.

dois Em outra tigela, bata o ovo com a pasta de curry e 100 ml de água fria. Junte a farinha. Adicione a abobrinha com cebola e misture bem.

três Misture a coalhada seca com a hortelã numa tigelinha.

quatro Aqueça 5 cm de óleo numa fritadeira ou panela grande de fundo grosso até que, ao colocar um pingo da massa, ela frite e suba à superfície. Vá colocando pequenas colheradas da massa na panela e frite por cerca de 3 minutos até ficarem crocantes e douradas. Escorra em papel-toalha e mantenha quentes enquanto frita o resto. Você provavelmente terá de fritar a massa em 3 levas. Sirva com a coalhada de hortelã.

OUTROS PRATOS VEGETARIANOS **105**

torta inglesa de cogumelo com molho de cerveja e cebola

tempo de preparo **5 min**
tempo de cozimento **25 min**
tempo total **30 min**
rendimento **4 porções**

4 cogumelos Portobello grandes ou 400 g de
   cogumelos menores
25 g de manteiga
5 colheres (sopa) de azeite de oliva
3 dentes de alho, amassados
2 colheres (sopa) de alecrim ou tomilho, picado
125 g de farinha de trigo
2 ovos
2 colheres (sopa) de molho de raiz-forte
400 ml de leite
2 cebolas, cortadas em fatias
2 colheres (chá) de açúcar
275 ml de cerveja preta
150 ml de Caldo de legumes quente (ver p. 7)
sal e pimenta-do-reino

um Coloque os cogumelos num refratário raso grande, com os talos para cima. Derreta a manteiga com 4 colheres de sopa do azeite numa frigideira. Acrescente o alho e o alecrim, tempere a gosto com sal e pimenta-do-reino e mexa por 30 segundos. Despeje a mistura sobre os cogumelos. Asse em forno preaquecido a 230°C, por 2 minutos.

dois Enquanto isso, bata a farinha, os ovos, a raiz-forte, o leite e um pouco de sal num processador de alimentos ou liquidificador até obter uma mistura lisa. Ou então, coloque a farinha numa vasilha e vá juntando, aos poucos, os ovos, a raiz-forte, o leite e um pouco de sal.

três Despeje a mistura sobre os cogumelos e asse por 20 a 25 minutos até a massa crescer bem e dourar.

quatro Enquanto isso, aqueça o restante do azeite numa frigideira. Junte a cebola e o açúcar e frite por cerca de 5 minutos até ficar bem dourada. Acrescente a cerveja e o caldo, e tempere a gosto com sal e pimenta-do-reino. Cozinhe, mexendo sempre, por 5 minutos. Sirva sobre a torta de cogumelos.

miniabóbora com molho de feijão-vermelho

tempo de preparo **10 min**
tempo de cozimento **15 min**
tempo total **25 min**
rendimento **4 porções**

600 ml de Caldo de legumes (ver p. 7)
1 kg de miniabóboras mistas, como moranga, paulista ou japonesa
125 g de folhas novas de espinafre

MOLHO
4 colheres (sopa) de azeite de oliva
4 dentes de alho, amassados
1 pimentão vermelho, sem sementes, bem picado
2 tomates picados
425 g de feijão-vermelho em lata, lavado e escorrido (ou a mesma quantidade de feijão cozido, sem o caldo)
1-2 colheres (sopa) de molho de pimenta
um punhadinho de coentro picado
sal

PARA ACOMPANHAR
arroz branco
creme de leite azedo (opcional) (se não encontrar, use creme de leite em lata ou fresco com algumas gotinhas de limão – misture e deixe engrossar antes de usar)
salada de abacate e limão Taiti (opcional)

um Deixe o caldo levantar fervura numa panela grande. Corte as abóboras em quatro e tire as sementes. Adicione à panela, abaixe o fogo e tampe. Cozinhe por cerca de 15 minutos ou até elas ficarem macias, mas sem desmanchar.
dois Enquanto isso, para fazer o molho, aqueça o azeite numa frigideira, junte o alho e o pimentão e refogue por 5 minutos, mexendo sempre, até ficar bem macio. Adicione o tomate, o feijão-vermelho, o molho de pimenta e um pouco de sal e cozinhe em fogo baixo por 5 minutos até obter uma mistura pedaçuda.
três Escorra a abóbora e volte à panela; reserve o caldo. Espalhe as folhas de espinafre, tampe a panela e cozinhe por 1 minuto até o espinafre murchar.
quatro Disponha os legumes sobre o arroz em pratos individuais. Misture ao molho 8 colheres de sopa do caldo reservado e o coentro. Regue os legumes com o molho e sirva com o creme de leite azedo e a salada de abacate e limão, se desejar.

OUTROS PRATOS VEGETARIANOS **107**

Aproveite a disponibilidade e a variedade de abóboras para fazer este prato em qualquer época do ano!

108 OUTROS PRATOS VEGETARIANOS

Uma *frittata* é uma omelete ao estilo italiano e, como uma omelete, pode ser temperada de várias formas interessantes. Para obter os melhores resultados, use uma frigideira de fundo grosso, de boa qualidade, e ovos bem frescos.

frittata de agrião e cogumelo

tempo de preparo **5 min**
tempo de cozimento **15 min**
tempo total **20 min**
rendimento **3–4 porções**

6 ovos
5 colheres (sopa) de queijo parmesão ralado
1 maço de agrião, sem os ramos grossos
40 g de manteiga
250 g de cogumelos-de-paris, cortados em lâminas fininhas
sal e pimenta-do-reino

um Numa vasilha, bata os ovos com um garfo. Adicione o parmesão, o agrião e bastante sal e pimenta-do-reino.

dois Derreta a manteiga numa frigideira de fundo grosso. Junte os cogumelos e refogue rapidamente por 3 minutos. Despeje a mistura de ovos e misture os ingredientes com cuidado.

três Abaixe bem o fogo e cozinhe lentamente até a mistura ficar firme e a parte de baixo dourada, quando levantar a borda com uma espátula. Se a base da *frittata* começar a grudar antes de a parte de cima firmar, coloque-a sob um grelhador em temperatura moderada para acabar de cozinhar.

caçarola de manjericão e tomate

tempo de preparo **10 min**
tempo de cozimento **15 min**
tempo total **25 min**
rendimento **4 porções**

1 kg de tomate maduro, sem pele
6 colheres (sopa) de azeite de oliva
2 cebolas picadas
4 talos de aipo, cortados em fatias
4 dentes de alho, cortados em fatias fininhas
175 g de cogumelos-de-paris, cortados em lâminas
3 colheres (sopa) de pasta de tomate seco
600 ml de Caldo de legumes (ver p. 7)
1 colher (sopa) de açúcar mascavo
3 colheres (sopa) de alcaparras
um bom punhado de folhas de manjericão, aproximadamente 15 g
um bom punhado de cerefólio ou salsinha lisa, aproximadamente 15 g
sal e pimenta-do-reino
pão quente, para acompanhar

um Corte o tomate em quatro e tire as sementes, retirando a polpa e colocando-a numa peneira sobre uma tigela para que o líquido escorra.

dois Aqueça 4 colheres de sopa do azeite numa panela grande e refogue as cebolas e o aipo por 5 minutos. Junte o alho e os cogumelos e refogue por mais 3 minutos.

três Acrescente o tomate e o líquido, a pasta de tomate seco, o caldo, o açúcar e as alcaparras, e deixe levantar fervura. Abaixe o fogo e cozinhe lentamente, sem tampa, por 5 minutos.

quatro Rasgue as ervas, adicione à panela com um pouco de sal e pimenta-do-reino e cozinhe por 1 minuto. Sirva em tigelas, regado com o restante do azeite, e pão quente para acompanhar.

OUTROS PRATOS VEGETARIANOS 109

abóbora-espaguete com repolho e noz-moscada

tempo de preparo **10 min**
tempo de cozimento **20 min**
tempo total **30 min**
rendimento **3–4 porções**

1 abóbora-espaguete com cerca de 1,5 kg (se não encontrar, use outro tipo de abóbora)
40 g de manteiga
1 cebola, cortada em rodelas fininhas
2 dentes de alho, amassados
150 g de repolho, bem picadinho
75 g de amendoim ou castanha-de-caju
100 g de *crème fraîche*
bastante noz-moscada ralada na hora
sal e pimenta-do-reino

um Coloque a abóbora numa panela grande em que ela caiba inteira. Cubra com água fervente e cozinhe por 20 minutos.
dois Enquanto isso, derreta a manteiga numa frigideira e refogue a cebola e o alho em fogo baixo por 5 minutos. Adicione o repolho e refogue por 3 minutos ou até ficar macio. Acrescente o amendoim, o *crème fraîche*, a noz-moscada, tempere a gosto com sal e pimenta-do-reino e cozinhe até o *crème fraîche* derreter para formar o molho.
três Escorra a abóbora, corte ao meio e retire as sementes. Com 2 garfos, rasgue o miolo em tiras fininhas numa vasilha. Leve à frigideira e misture os ingredientes no fogo por 1 minuto. Sirva imediatamente.

tomate assado com alho e ervas

tempo de preparo **5 min**
tempo de cozimento **20 min**
tempo total **25 min**
rendimento **4 porções**

500 g de tomate maduro bem fresco
2 dentes de alho, cortados em lâminas fininhas
1 colher (sopa) de tomilho ou alecrim, picado grosseiramente
2 pimentas dedo-de-moça, cortadas ao meio no sentido do comprimento
5 colheres (sopa) de azeite de oliva extravirgem
4 colheres (sopa) de vinagre balsâmico
sal e pimenta-do-reino

um Faça um corte profundo em cada tomate e insira algumas lâminas de alho, um punhado de ervas e tempere a gosto com sal e pimenta-do-reino. Arrume-os em um refratário raso.
dois Disponha as metades de pimenta ao redor dos tomates. Regue com o azeite e o vinagre; acerte o tempero: você pode precisar de um pouco mais de sal e pimenta-do-reino. Asse em forno preaquecido a 220°C, por 20 minutos, até os tomates ficarem macios, mas sem desmanchar.

110 OUTROS PRATOS VEGETARIANOS

patê de berinjela com cogumelos

tempo de preparo **10 min**
tempo de cozimento **15 min**
tempo total **25 min**
rendimento **6 porções**

25 g de cogumelos Porcini secos
500 g de berinjela
6 colheres (sopa) de azeite de oliva
1 cebola roxa pequena, bem picada
2 colheres (chá) de sementes de cominho
175 g de cogumelos Portobello
2 dentes de alho, amassados
3 nozes em conserva (ver nota na p. 52), cortadas
   ao meio
um punhadinho de coentro
sal e pimenta-do-reino
torrada de pão de nozes ou de grãos, para
   acompanhar

um Coloque os cogumelos secos numa vasilha e cubra com bastante água fervente. Deixe de molho por 10 minutos.

dois Enquanto isso, corte a berinjela em cubinhos de 1 cm. Aqueça o azeite numa frigideira grande. Junte a berinjela e a cebola e refogue lentamente por 8 minutos até ficarem macias e douradas.

três Escorra os cogumelos secos e adicione à frigideira, com as sementes de cominho, os cogumelos frescos e o alho. Refogue por mais 5 a 7 minutos ou até a berinjela estar bem macia.

quatro Transfira para um processador de alimentos ou liquidificador com as nozes em conserva e o coentro, tempere a gosto com sal e pimenta-do-reino e bata até a mistura ficar bem picada, mas não completamente lisa. Transfira para uma travessa e sirva quente ou frio com torrada.

Alguns cogumelos secos realmente realçam o sabor desse patê rápido e fácil. A receita rende bastante e o restante pode ser guardado na geladeira por vários dias, pronto para incrementar caçarolas de legumes ou para passar em torradas e grelhar com queijo *gruyère*.

OUTROS PRATOS VEGETARIANOS **111**

112 OUTROS PRATOS VEGETARIANOS

couve-flor com crosta de farinha de rosca

tempo de preparo **8 min**
tempo de cozimento **12 min**
tempo total **20 min**
rendimento **4 porções**

1 couve-flor grande
25 g de manteiga
50 g de farinha de rosca
2 colheres (sopa) de azeite de oliva
3 colheres (sopa) de alcaparras
3 minipepinos em conserva, bem picados
3 colheres (sopa) de endro (*dill*) ou estragão, picado
100 g de *crème fraîche*
4 colheres (sopa) de queijo parmesão ralado
sal e pimenta-do-reino

um Corte a couve-flor em floretes e escalde em água fervente por 2 minutos. Escorra bem.
dois Derreta metade da manteiga numa frigideira grande. Adicione a farinha de rosca e frite por 2 minutos ou até dourar. Escorra e reserve.
três Derreta o restante da manteiga na frigideira com o azeite. Junte os floretes de couve-flor e frite em fogo baixo por 5 minutos ou até dourarem. Acrescente as alcaparras, o pepino, o endro, o *crème fraîche*, tempere a gosto com sal e pimenta-do-reino e misture tudo em fogo médio por 1 minuto.
quatro Despeje em um refratário raso e salpique com a farinha de rosca e o parmesão. Asse sob um grelhador preaquecido em temperatura média por cerca de 2 minutos até a farinha de rosca ficar bem dourada.

chips de legumes

tempo de preparo **10 min**
tempo de cozimento **5 min**
tempo total **15 min**
rendimento **4–6 porções**

250 g de batata
250 g de pastinaca
 (se preferir, substitua por mandioquinha)
250 g de beterraba crua
bastante óleo, para fritar
sal grosso e pimenta-do-reino

um Corte os legumes em fatias bem finas com o fatiador do processador de alimentos ou com um cortador de legumes. Também podem ser cortados à mão, mas talvez seja difícil fatiar bem fininho. Seque os legumes com papel-toalha.
dois Encha um terço de uma fritadeira ou caçarola de fundo grosso com óleo. Aqueça o óleo até um pedaço de legume fritar na superfície. Adicione um punhado das fatias de legumes ao óleo e frite até ficarem crocantes e douradas. Escorra em papel-toalha enquanto frita o resto. Sirva os legumes temperados generosamente com sal e pimenta-do-reino.

OUTROS PRATOS VEGETARIANOS 113

legumes de raiz fritos com cardamomo e mel

tempo de preparo **10 min**
tempo de cozimento **15 min**
tempo total **25 min**
rendimento **4 porções**

275 g de nabo pequeno, cortado em meias-luas
1 batata-doce pequena, escovada e cortada em pedaços
275 g de pastinaca média, cortada em meias-luas (se não encontrar, use mandioquinha)
8 echalotas, descascadas mas inteiras (se não encontrar, use a parte branca da cebolinha)
1 colher (sopa) de bagas de cardamomo
2 colheres (sopa) de mel de flor de laranjeira (ou outro de sabor suave)
2 colheres (chá) de suco de limão-siciliano
4 colheres (sopa) de azeite de oliva
sal e pimenta-do-reino

um Cozinhe o nabo, a batata-doce, a pastinaca e a echalota em água fervente com um pouco de sal por 7 a 8 minutos até ficarem macios, mas não moles.

dois Enquanto isso, soque as bagas de cardamomo com um pilão para soltar as sementes. Ou, então, quebre-as numa vasilha com a ponta de um rolo de macarrão. Descarte as cascas e soque ligeiramente as sementes. Misture as sementes com o mel, o suco de limão e um pouco de sal e pimenta-do-reino.

três Escorra os legumes. Aqueça o azeite numa frigideira grande. Junte os legumes e frite por cerca de 6 minutos até dourarem, mexendo sempre. Adicione o tempero de cardamomo e misture por 1 minuto. Sirva quente.

As sementes de cardamomo socadas são deliciosas com legumes de raiz, realçando seu sabor natural e doce. Sirva como acompanhamento de panquecas de legumes e arroz picante, e pratos à base de feijão.

doces e sobremesas

Técnicas culinárias simples como fritar, assar e grelhar salientam as atraentes qualidades de frutas frescas e maduras e criam sobremesas irresistíveis com um mínimo de tempo e trabalho. Muffins, biscoitos e outros docinhos também podem ser rápidos e gratificantes, além de lanches maravilhosos e guloseimas tentadoras.

116 DOCES E SOBREMESAS

scones de cranberry, aveia e canela

tempo de preparo **10 min**
tempo de cozimento **12 min**
tempo total **22 min**
rendimento **10 unidades**

175 g de farinha com fermento
1 colher (chá) de fermento em pó
1 colher (chá) de canela em pó
75 g de manteiga sem sal
75 g de açúcar
50 g de aveia, mais um pouco para polvilhar
75 g de cranberries (oxicoco) secos (se não encontrar, use uvas-passas)
5-6 colheres (sopa) de leite
ovo batido ou leite, para pincelar

um Unte uma assadeira. Coloque a farinha, o fermento e a canela num processador de alimentos. Adicione a manteiga, cortada em pedacinhos, e bata até a mistura parecer uma farofa. Junte o açúcar e a aveia e bata rapidamente. Ou então, com os dedos, misture a manteiga com a farinha, o fermento e a canela numa vasilha, e depois acrescente o açúcar e a aveia.

dois Junte os cranberries e o leite, e misture rapidamente até obter uma massa macia, acrescentando um pouco mais de leite, se necessário.

três Coloque a massa sobre uma superfície enfarinhada e abra numa espessura de 1,5 cm. Corte círculos de 5 cm com um cortador. Transfira para a assadeira untada e volte a enrolar a massa que sobrou para fazer mais pãezinhos.

quatro Pincele com ovo batido e polvilhe com aveia. Asse em forno preaquecido a 220°C por 10 a 12 minutos até crescerem e dourarem. Transfira para uma grelha de metal para esfriar. Sirva cortados ao meio, com manteiga.

DOCES E SOBREMESAS **117**

Como todos os pãezinhos, estes, salpicados de frutas, são melhores quando servidos assim que saem do forno, ou congelados antecipadamente e depois descongelados e aquecidos para servir.

118 DOCES E SOBREMESAS

Esta sobremesa incrivelmente fácil é perfeita para qualquer ocasião, quer você esteja recebendo amigos ou desejando comer algo doce e delicioso.

folhados de ameixa e amaretto

tempo de preparo **10 min**
tempo de cozimento **15 min**
tempo total **25 min**
rendimento **6 porções**

375 g de massa folhada
um pouco de ovo batido, para pincelar
175 g de pasta de amêndoas (marzipã)
açúcar de confeiteiro, para polvilhar
500 g de ameixa vermelha ou amarela, cortada ao meio e sem caroço
4 colheres (sopa) de licor Amaretto ou conhaque
creme chantili, para acompanhar

um Unte levemente uma assadeira e borrife com água. Abra a massa numa superfície ligeiramente enfarinhada e corte seis círculos de 10 cm com um cortador ou com um pequeno pires como guia. Com a ponta de uma faca afiada, faça um corte leve a 1 cm da borda de cada círculo para formar uma cestinha. Pincele com o ovo batido e transfira para a assadeira.

dois Abra a pasta de amêndoas numa superfície polvilhada com o açúcar de confeiteiro e corte seis círculos de 7 cm. Coloque um círculo no centro de cada tortinha. Arrume as metades das ameixas sobre a pasta de amêndoas, com a parte cortada para cima, e borrife com tanto licor quanto couber na cavidade. Asse em forno preaquecido a 220°C por cerca de 15 minutos até a massa crescer bem.

três Regue com o licor que sobrar e polvilhe com açúcar de confeiteiro. Sirva as tortinhas com creme chantili.

DOCES E SOBREMESAS **119**

biscoitos de aveia

tempo de preparo **10 min**
tempo de cozimento **15 min**
tempo total **25 min**
rendimento **15 unidades**

125 g de manteiga sem sal, amolecida
125 g de açúcar cristal
1 ovo
2 colheres (chá) de essência de baunilha
125 g de aveia em flocos
4 colheres (sopa) de sementes de girassol
150 g de farinha de trigo
½ colher (chá) de fermento em pó
175 g de chocolate branco, picadinho
açúcar de confeiteiro, para polvilhar

um Unte ligeiramente uma assadeira grande.
Numa tigela, bata a manteiga com o açúcar
cristal até ficar cremoso. Junte o ovo, a
essência, a aveia, as sementes de girassol, a
farinha, o fermento em pó, e misture até obter
uma pasta grossa. Adicione os pedaços de
chocolate.

dois Coloque colheradas da mistura na
assadeira preparada e amasse ligeiramente
com as costas de um garfo.

três Asse em forno preaquecido a 180°C por
cerca de 15 minutos até crescerem e
dourarem. Deixe descansar 5 minutos, depois
transfira para uma grelha para esfriar. Sirva
polvilhados com açúcar de confeiteiro.

Use chocolate branco de boa qualidade, que
não seja enjoativo nem doce demais, ou
então use chocolate ao leite ou meio
amargo, se preferir.

tiramisu rápido

tempo de preparo **15 min**, mais o tempo
para gelar
tempo total **15 min**
rendimento **4–6 porções**

5 colheres (sopa) de café expresso forte
75 g de açúcar mascavo escuro
4 colheres (sopa) de licor de café ou
  3 colheres (sopa) de conhaque
75 g de biscoito champanhe, quebrado em
  pedaços grandes
400 g de creme de confeiteiro (baunilha) pronto
250 g de queijo mascarpone
1 colher (chá) de essência de baunilha
50 g de chocolate meio amargo, bem picado
chocolate em pó, para polvilhar

um Misture o café com 2 colheres de sopa do
açúcar e o licor numa tigela média. Passe os
biscoitos champanhe nessa mistura e forre
uma travessa, regando com o restante do
líquido.

dois Bata o creme de confeiteiro com o
mascarpone e a essência e coloque um terço
da mistura sobre os biscoitos. Polvilhe com o
restante do açúcar e cubra com metade do
creme restante. Espalhe o chocolate picado e
cubra com o resto do creme.

três Leve à geladeira por cerca de 1 hora até
firmar. Sirva polvilhado com chocolate em pó.

120 DOCES E SOBREMESAS

pêssegos grelhados com açúcar brûlée

tempo de preparo **5 min**
tempo de cozimento **5 min**
tempo total **10 min**
rendimento **4 porções**

4 pêssegos grandes e suculentos
150 ml de creme de leite
2 colheres (chá) de suco de limão-siciliano
3 colheres (sopa) de açúcar de confeiteiro
1 colher (sopa) de lascas de amêndoas

um Corte os pêssegos ao meio, tire o caroço e coloque-os num refratário raso, com a casca para baixo.
dois Misture o creme de leite com o suco de limão e 1 colher de sopa do açúcar de confeiteiro. Despeje sobre os pêssegos. Polvilhe com o restante do açúcar de confeiteiro e depois com as amêndoas.
três Asse sob um grelhador preaquecido em temperatura média por cerca de 5 minutos até o açúcar começar a borbulhar e ficar ligeiramente caramelizado. Sirva quente.

damascos fritos com mascarpone e gengibre

tempo de preparo **5 min**
tempo de cozimento **3 min**
tempo total **8 min**
rendimento **4 porções**

2 pedaços de gengibre em conserva
2 colheres (sopa) da calda do gengibre
250 g de queijo mascarpone
2 colheres (chá) de suco de limão-siciliano
50 g de manteiga sem sal
25 g de açúcar mascavo claro
400 g de damasco fresco, cortado ao meio, sem caroço
3 colheres (sopa) de licor Amaretto ou conhaque

um Pique o gengibre bem fininho e misture com a calda, o mascarpone e o suco de limão.
dois Derreta a manteiga numa frigideira e junte o açúcar. Cozinhe por cerca de 1 minuto até o açúcar dissolver. Adicione os damascos e frite rapidamente até dourarem um pouco, mas ainda firmes. Junte o licor.
três Coloque o creme em pratos individuais, cubra com a fruta e o líquido e sirva a sobremesa quente.

DOCES E SOBREMESAS **121**

Uma sobremesa simples que valoriza ao máximo os damascos frescos durante a curta época em que são encontrados. Quando não é época deles, a receita fica igualmente saborosa com ameixas vermelhas ou amarelas. Biscoitos Amaretti são um acompanhamento perfeito.

DOCES E SOBREMESAS

sobremesa de maçã caramelizada

tempo de preparo **10 min**
tempo de cozimento **20 min**
tempo total **30 min**
rendimento **4 porções**

3 maçãs grandes, sem sementes, cortadas em fatias
  grossas
100 g de farinha com fermento, mais 1 colher
  (sopa) extra
125 g de açúcar mascavo claro
50 g de açúcar refinado
½ colher (chá) de especiarias mistas
1 ovo
100 ml de iogurte natural
50 g de manteiga sem sal, derretida

um Num refratário raso, misture as maçãs com
1 colher de sopa da farinha e o açúcar mascavo.
dois Numa vasilha, misture o restante da
farinha com o açúcar refinado e as especiarias.
Junte o ovo, o iogurte e a manteiga e misture
só até integrar todos os ingredientes.
três Coloque a mistura sobre as maçãs
preparadas e asse em forno preaquecido a
220°C por 15 a 20 minutos, só até ficar firme e
dourado. Sirva quente.

Uma sobremesa maravilhosa, a que poucos
conseguem resistir. Enquanto assa, o açúcar
mascavo derrete e forma uma deliciosa calda
caramelada sobre as maçãs. É perfeito
servido com sorvete de creme.

muffins de mirtilo e baunilha

tempo de preparo **5 min**
tempo de cozimento **15 min**
tempo total **20 min**
rendimento **10 unidades**

150 g de amêndoas moídas
150 g de açúcar cristal
50 g de farinha com fermento
175 g de manteiga sem sal, derretida
4 claras
1 colher (chá) de essência de baunilha
150 g de mirtilos

um Forre 10 forminhas de muffin com forminhas
de papel, ou unte-as. Misture as amêndoas
moídas com o açúcar, a farinha e a manteiga.
Adicione as claras e a essência de baunilha e
misture até obter uma pasta lisa.
dois Coloque a massa nas forminhas de papel e
salpique com os mirtilos.
três Asse em forno preaquecido a 220°C por 15
minutos só até ficarem firmes no centro. Deixe
descansar 5 minutos, depois transfira para uma
grelha e deixe esfriar.

DOCES E SOBREMESAS **123**

124 DOCES E SOBREMESAS

Você precisa de peras macias, suculentas e muito saborosas, que amolecem rapidamente na calda, para fazer esta sobremesa.

DOCES E SOBREMESAS **125**

peras em calda com farofa de chocolate

tempo de preparo **5 min**
tempo de cozimento **8 min**
tempo total **13 min**
rendimento **4 porções**

50 g de açúcar mascavo claro
25 g de uvas-passas
½ colher (chá) de canela em pó
4 peras maduras, descascadas, cortadas ao
    meio e sem sementes
40 g de manteiga sem sal
50 g de aveia em flocos
25 g de avelãs, picadas grosseiramente
50 g de chocolate meio amargo ou ao leite,
    bem picado
creme chantili ou coalhada seca, para
    acompanhar (opcional)

um Coloque metade do açúcar numa frigideira
ou panela larga com 150 ml de água, as uvas-
passas e a canela. Deixe levantar fervura,
adicione as peras e cozinhe em fogo baixo,
sem tampa, por cerca de 5 minutos até as
peras amolecerem um pouco.
dois Derreta a manteiga numa outra frigideira
ou panela pequena. Acrescente a aveia e frite
ligeiramente por 2 minutos. Junte o restante do
açúcar e cozinhe em fogo baixo até dourar.
três Coloque as peras em pratos individuais.
Misture as avelãs e o chocolate à mistura de
aveia. Quando o chocolate começar a derreter,
despeje sobre as peras. Sirva com creme
chantili ou coalhada seca, se desejar.

fatias de chocolate e cereja

tempo de preparo **10 min**
tempo total **10 min**
rendimento **4 porções**

425 g de cerejas pretas em calda (se não
    encontrar, use cerejas vermelhas em calda)
3 colheres (sopa) de Kirsch
1 colher (sopa) de suco de limão-siciliano
100 g de ricota
2 colheres (sopa) de açúcar de confeiteiro
25 g de chocolate meio amargo, picado
um pedaço de gengibre em conserva,
    bem picado
4 fatias grossas de bolo de chocolate úmido

um Escorra bem as cerejas, reservando a
calda. Misture 4 colheres de sopa da calda com
o Kirsch e o suco de limão.
dois Numa tigela, misture a ricota com o
açúcar de confeiteiro. Acrescente as cerejas
delicadamente, o chocolate e o gengibre.
três Coloque o bolo de chocolate em pratinhos
individuais e regue com a calda de Kirsch.
Coloque a mistura de cereja por cima.

Bolo de chocolate comprado pronto pode
ser transformado radicalmente quando
banhado numa calda licorosa e coberto com
cerejas, ricota e pedaços de chocolate.

índice remissivo

abacate, salada picante de laranja e abacate, 97
abóbora: miniabóbora com molho de feijão-vermelho, 106-107
sopa de abóbora e coco, 20
abóbora-espaguete com repolho e noz-moscada, 109
abobrinha: abobrinha frita com coalhada seca de hortelã, 104
lasanha de cogumelos, abobrinha e mascarpone, 27
panquecas de abobrinha com queijo *emmenthal* e pimentão, 71
sopa de abobrinha e parmesão, 21
açafrão, 7
agrião, *frittata* de agrião e cogumelo, 108
macarrão com molho de agrião, gorgonzola e nozes, 26
aipo-rábano, *rémoulade* de aipo-rábano e batata com aspargo, 102-103
alcachofra, *kedgeree* com alcachofra e manteiga de alecrim, 53
alho, sopa de alho e páprica com ovo flutuante, 19
alho-poró: sopa de batata, coentro e alho-poró, 14
ameixa: folhados de ameixa e *amaretto*, 118
ameixa seca, tabule de ameixa com pistache, 87
arroz, 8, 47-57
arroz de coco com molho de amendoim, 54-55
arroz de limão com queijo feta e pimentões grelhados, 56
arroz japonês com *nori*, 51
bolinhos de risoto de castanha-portuguesa, 48
kedgeree com alcachofra e manteiga de alecrim, 53
pilaf de arroz vermelho e pimentão, 49
pilaf picante com nozes em conserva, 52

risoto de beterraba com raiz-forte e *mix* de folhas, 56-57
risoto de favas, limão-siciliano e parmesão, 48
risoto de sálvia e nozes com crosta de queijo, 52
aspargo, *rémoulade* de aipo-rábano e batata com aspargo, 102-103
aveia: biscoitos de aveia, 119
scones de *cranberry*, aveia e canela, 116-117
azeite de oliva, 8

batata: panqueca de ervilha e hortelã com mussarela, tomate e manjericão, 74
rémoulade de aipo-rábano e batata com aspargo, 102-103
salada de batata e vagem, 98
sopa creme de milho e batata, 16
sopa de batata, coentro e alho-poró, 14
batata-doce, salada de batata-doce, rúcula e queijo Haloumi, 92-93
berinjela: patê de berinjela com cogumelos, 110
salada de miniberinjelas grelhadas e tomate-cereja, 94
tagliatelle com berinjela e *pinoli*, 24
tortilhas com berinjela e molho picante de hortelã, 66
beterraba: bolinhos de *couscous* com beterraba e *crème fraîche*, 83
risoto de beterraba com raiz-forte e *mix* de folhas, 56-57
salada de beterraba com molho de coentro e tomate, 95
biscoitos de aveia, 119
bolinho: bolinhos de *couscous* com beterraba e *crème fraîche*, 83
bolinhos de feijão-vermelho e pimentão com maionese de limão, 45

bruschetta de queijo de cabra, cebola e *pinoli*, 61

café, *tiramisu* rápido, 119
caldo de legumes, 7
camembert, folhados de *camembert* e echalotas, 70
castanha-portuguesa: bolinhos de risoto de castanha-portuguesa, 48
salsichas de cogumelo, *couscous* e ervas, 87
cenoura, salada de cenoura em fitas, 92
cereja, fatias de chocolate e cereja, 125
cheddar, hambúrgueres de cheddar com molho de pepino, 64
chips de legumes, 112
chocolate: fatias de chocolate e cereja, 125
peras em calda com farofa de chocolate, 125
coalhada seca, abobrinha frita com coalhada seca de hortelã, 104
kafta de amêndoas com coalhada seca de hortelã, 36
coco, 7
arroz de coco com molho de amendoim, 54-55
cogumelo:
cogumelo sobre brioche, 102
frittata de agrião e cogumelo, 108
lasanha de cogumelos, abobrinha e mascarpone, 27
lentilha refogada com cogumelo e gremolata, 38
patê de berinjela com cogumelos, 110
polenta frita com cogumelos e açafrão, 88-89
salsichas de cogumelo, *couscous* e ervas, 87
sopa de espinafre e cogumelos, 16

torta inglesa de cogumelo com molho de cerveja e cebola, 105
couscous: bolinhos de *couscous* com beterraba e *crème fraîche*, 83
couscous picante de vegetais, 84
couscous verde com molho de frutas picante, 85
salsichas de cogumelo, *couscous* e ervas, 87
couve-flor com crosta de farinha de rosca, 112
cranberry, *scones* de *cranberry*, aveia e canela, 116-117
crème fraîche, 8

damasco: *couscous* verde com molho de frutas picante, 85
damascos fritos com mascarpone e gengibre, 120-121

echalota: sopa creme de echalota e alecrim, 19
erva-cidreira, talo da, 8
bolinhos de erva-cidreira e tofu com molho picante, 77
ervas, salada de ervas com gengibre e uva, 97
ervilha, panqueca de ervilha e hortelã com mussarela, tomate e manjericão, 74
espinafre: espinafre com *pinoli* e uva-passa, 104
muffins de espinafre e ovo ao molho *moutarde*, 61
pizza de espinafre, cebola e cream cheese
sopa de espinafre e cogumelos, 16

falafel, bolinhos de *falafel*, 75
farinha de rosca, couve-flor com crosta de farinha de rosca, 112
favas: hambúrgueres de cheddar com molho de pepino, 64
risoto de fava, limão-siciliano e parmesão, 48

ÍNDICE REMISSIVO 127

sopa de fava e tomate seco, 12-13

feijões: 35-45
caçarola de feijões e cerveja com bolinhos, 44
ver também tipos específicos de feijão

feijão-branco:
couscous verde com molho de frutas picante, 85
feijão-branco sobre torradas, 42
kafta de amêndoas com coalhada seca de hortelã, 36

feijão-preto, cozido de feijão-preto e repolho, 38

feijão-vermelho: feijão-vermelho com coco e castanha-de-caju, 42
miniabóbora com molho de feijão-vermelho, 106-107

filo, pacotinhos de filo, pesto e mussarela, 70

frittata de agrião e cogumelo, 108

folhado: folhados de ameixa e amaretto, 118
folhados de cammembert e echalotas, 70

gengibre, sopa de gengibre e pastinaca, 17

grão-de-bico: bolinhos de falafel, 75
purê de grão-de-bico com ovos e azeite temperado, 40-41

hortelã, panqueca de ervilha e hortelã com mussarela, tomate e manjericão, 74

kedgeree com alcachofra e manteiga de alecrim, 53

kafta de amêndoas com coalhada seca de hortelã, 36

laranja: salada picante de laranja e abacate, 97

lasanha de cogumelos, abobrinha e mascarpone, 27

legume: caldo de legumes, 7
chips de legumes, 112

couscous picante de vegetais, 84
legumes de raiz fritos com cardamomo e mel, 113
macarrão com legumes em molho de coco picante, 31
macarrão japonês salteado com legumes , 28
panquecas de arroz com molho de gergelim e gengibre, 78-79
panquecas de macarrão de japonês com legumes salteados, 32

leite de coco, 8
feijão-vermelho com coco e castanha-de-caju, 42
macarrão com legumes em molho de coco picante, 31
sopa de abóbora e coco, 20

lentilha: dhal de lentilha vermelha com quiabo, 39
lentilha refogada com cogumelo e gremolata, 38
sopa de lentilha verde com manteiga temperada, 12

limão, arroz de limão com queijo feta e pimentões grelhados, 56

linguini com queijo de cabra e manteiga com alho e ervas, 28-29

maçã: sobremesa de maçã caramelizada, 122

macarrão de arroz com vagem e gengibre, 31
panquecas de macarrão de arroz com legumes salteados, 32

macarrão japonês, 8
macarrão com legumes em molho de coco picante, 31
macarrão japonês salteado com legumes , 28

macarrão soba, sopa de feijão-preto com macarrão soba, 14-15

manjericão, caçarola de manjericão e tomate, 108

massas, 8
lasanha de cogumelos, abobrinha e mascarpone, 27

linguini com queijo de cabra e manteiga com alho e ervas, 28-29
macarrão com molho de agrião, gorgonzola e nozes, 26
penne com tomate-cereja e ricota, 24
tagliatelle com berinjela e pinoli, 24
tagliatelle com tomate e tapenade, 26

milho: queijo picante e bolinhos de milho, 44
sopa creme de milho e batata, 16

mirtilo, muffins de mirtilo e baunilha, 122

muffins: muffins com espinafre e ovo ao molho moutarde, 61

muffins de mirtilo e baunilha, 122

nori, arroz japonês com nori, 51

nozes, pilaf picante com nozes em conserva, 52

ovo: frittata de agrião e cogumelo, 108
kedgeree com alcachofra e manteiga de alecrim, 53
muffins de espinafre e ovo ao molho moutarde, 61
purê de grão-de-bico com ovos e azeite temperado, 40-41
sopa de alho e páprica com ovo flutuante, 19

painço condimentado, 88

panquecas: panquecas de abobrinha com queijo emmenthal e pimentão, 71
panquecas de arroz com molho de gergelim e gengibre, 78-79
panquecas de macarrão de arroz com legumes salteados, 32

panzanella, 98-99

pastinaca, sopa de gengibre e pastinaca, 17

patê de berinjela com cogumelos, 110

penne com tomate-cereja e ricota, 24

pepino, molho de pepino, 64

pera: peras em calda com farofa de chocolate, 125

pêssego: pêssegos grelhados com açúcar mascavo brûlée 120

pesto, 8

pilaf: pilaf de arroz vermelho e pimentão, 49
pilaf picante com nozes em conserva, 52

pimenta, 7
queijo picante e bolinhos de milho, 44
sopa de pimenta dedo-de-moça e pimentão vermelho, 20

pimentão: arroz de limão com queijo feta e pimentões grelhados, 56
bolinhos de feijão-vermelho e pimentão com maionese de limão, 45
panquecas de abobrinha com queijo emmenthal e pimentão, 71
panzanella, 98-99
pilaf de arroz vermelho e pimentão, 49
pizza de tomate, alcachofra e mussarela, 62-63
sopa de pimenta dedo-de-moça e pimentão vermelho, 20

pizza: pizza de espinafre, cebola e cream cheese, 60
pizza de tomate, alcachofra e mussarela, 62-63

polenta, 8
polenta frita com cogumelos e açafrão, 88-89
polenta mole com gruyère e molho de tomate 84

queijo, 9
folhados de camembert e echalotas, 70
hambúrgueres de cheddar com molho de pepino, 64
macarrão com molho de agrião, gorgonzola e nozes, 26
pacotinhos de filo, pesto e mussarela, 70
panqueca de ervilha e hortelã com mussarela, tomate e manjericão, 74

128 ÍNDICE REMISSIVO

panquecas de abobrinha com queijo *emmenthal* e pimentão, 71
penne com tomate-cereja e ricota, 24
polenta mole com *gruyère* e molho de tomate 84
queijo picante e bolinhos de milho, 44
risoto de sálvia e nozes com crosta de queijo, 52
salada de batata-doce, rúcula e queijo coalho, 92-93
sopa de abobrinha e parmesão, 21
queijo de cabra: *bruschetta* de queijo de cabra, cebola e *pinoli*, 61
linguini com queijo de cabra e manteiga com alho e ervas, 28-29
queijo de cabra tostado com *pesto* de tomate seco, 65
quiabo, *dhal* de lentilha vermelha com quiabo, 39

raízes, legumes de raiz fritos com cardamomo e mel, 113
repolho: abóbora-espaguete com repolho e noz-moscada, 109
cozido de feijão-preto e repolho, 38
rolinhos de tofu à moda tailandesa, 95

salada, 91-99
panzanella, 98-99
rolinhos de tofu à moda tailandesa, 95
salada de batata e vagem, 98

salada de batata-doce, rúcula e queijo Haloumi, 92-93
salada de beterraba com molho de coentro e tomate, 95
salada de cenoura em fitas, 92
salada de ervas com gengibre e uva, 97
salada de miniberinjelas grelhadas e tomate-cereja, 94
salada picante de laranja e abacate, 97
salsichas de cogumelo, *couscous* e ervas, 87
sálvia, risoto de sálvia e nozes com crosta de queijo, 52
scones de *cranberry*, aveia e canela, 116-117
sobremesa de maçã caramelizada, 122
sopa, 11-21
sopa creme de echalota e alecrim, 19
sopa creme de milho e batata, 16
sopa de abóbora e coco, 20
sopa de abobrinha e parmesão, 21
sopa de alho e páprica com ovo flutuante, 19
sopa de batata, coentro e alho-poró, 14
sopa de espinafre e cogumelos, 16
sopa de fava e tomate seco, 12-13
sopa de feijão-preto com macarrão *soba*, 14-15
sopa de feijão-preto com macarrão *soba*, 14-15

sopa de gengibre e pastinaca, 17
sopa de lentilha verde com manteiga temperada, 12
sopa de pimenta dedo-de-moça e pimentão vermelho, 20

tabule de ameixa e pistache, 87
tagliatelle: com berinjela e *pinoli*, 24
tagliatelle com tomate e *tapenade*, 26
tapenade, 9
tagliatelle com tomate e *tapenade*, 26
tiramisu rápido, 119
tofu, 9
bolinhos de erva-cidreira e tofu com molho picante, 7
rolinhos de tofu à moda tailandesa, 95
trouxinhas de tofu, canela e mel, 75
tomate: caçarola de manjericão e tomate, 108
salada de beterraba com molho de coentro e tomate, 95
sopa de fava e tomate seco, 12-13
tomate assado com alho e ervas, 109
tomate-cereja: *penne* com tomate-cereja e ricota, 24
salada de miniberinjelas grelhadas e tomate-cereja, 94
tortinhas de tomate-cereja com *crème fraîche*, 72
tomate seco, 9
pizza de tomate, alcachofra e mussarela, 62-63

queijo de cabra tostado com *pesto* de tomate seco, 65
tagliatelle com tomate e *tapenade*, 26
torrada, feijão-branco sobre torradas, 42
torta inglesa de cogumelo com molho de cerveja e cebola, 105
tortilha: tortilhas com berinjela e molho picante de hortelã, 66
wraps de tortilha com feijão e relish de coentro, 64
pacotinhos de filo, *pesto* e mussarela, 70
tortinhas de tomate-cereja com *crème fraîche*, 72
trigo para quibe, tabule de ameixa com pistache, 87
trouxinhas de tofu, canela e mel, 75

uva, salada de ervas com gengibre e uva, 97

vagem, macarrão de arroz com vagem e gengibre, 31
salada de batata e vagem, 98
vinagre balsâmico, 9

wraps de tortilha com feijão e *relish* de coentro, 64

créditos

Editora Executiva: Sarah Ford
Editora do Projeto: Alice Tyler
Editor de Arte: Geoff Fennell
Designer: Sue Michniewicz

Fotógrafo: William Reavell
Estilista: Clare Hunt
Economista Doméstica: Joanna Farrow
Controle de Produção: Ian Paton